Editorial

AF234756

Liebe Leserinnen, liebe Leser,

von der ersten bis zur letzten Seite unserer Septemberausgabe 2023 werden Sie feststellen: Das Haiku erfreut sich größter Beliebtheit. In der Haiku-Agenda 2024 sind 72 Autoren und Autorinnen vertreten, für die Haiku- und Tanka- Auswahl erreichten unseren Koordinator Peter Rudolf dieses Mal 200 Haiku. Sechs Haiku-Bücher werden Ihnen vorgestellt, und wir informieren Sie über zahlreiche Neuerscheinungen. Übrigens gehen in der SOMMERGRAS-Redaktion zunehmend Haibun ein. Fünfzehn davon haben wir für Sie ausgewählt. Den Mitgliedern der Deutschen Haiku-Gesellschaft unter Ihnen sei noch verraten, dass die Mitgliederzahl stetig steigt. Fünf neue Mitglieder stellen sich mit je zwei Haiku vor. Und notieren Sie sich doch bitte jetzt schon den Termin für unsere Mitgliederversammlung am 4. Mai 2024 in Osterode am Harz.

Wie immer schaut SOMMERGRAS aber auch über den Tellerrand hinaus und nimmt Sie in dieser Ausgabe mit nach Frankreich, Italien und Japan. Lassen Sie sich überraschen!

Eine anregende Lektüre wünscht Ihnen
Ihre Eleonore Nickolay

Inhalt

Deutsche Haiku-Gesellschaft e. V.

Die Deutsche Haiku-Gesellschaft e. V.[1] unterstützt die Förderung und Verbreitung deutschsprachiger Lyrik in traditionellen japanischen Gattungen (Haiku, Tanka, Haibun, Haiga und Kettendichtungen) sowie die Vermittlung japanischer Kultur. Sie organisiert den Kontakt der deutschsprachigen Haiku-Dichter untereinander und pflegt Beziehungen zu entsprechenden Gesellschaften in anderen Ländern. Der Vorstand unterstützt mehrere Arbeits- und Freundeskreise in Deutschland sowie Österreich, die wiederum Mitglieder verschiedener Regionen betreuen und weiterbilden.

[1]Mitglied der Federation of International Poetry Associations (assoziiertes Mitglied der UNESCO), der Haiku International Association, Tokio, Ehrenmitglied der Haiku Society of America, New York.

Anschrift	Deutsche Haiku-Gesellschaft e. V., z. Hd. Stefan Wolfschütz, Jungmannstr. 11, 24768 Rendsburg
Vorstand	
Info/DHG-Kontakt und Redaktion	Horst-Oliver Buchholz, horst-oliver.buchholz@dhg-vorstand.de
Redaktion	Eleonore Nickolay, eleonore.nickolay@dhg-vorstand.de
Kassenwartin	Petra Klingl, petra.klingl@dhg-vorstand.de
Website	Stefan Wolfschütz, stefan.wolfschuetz@dhg-vorstand.de
	Claudia Brefeld, post@claudiabrefeld.de
Internationale Kontakte	Klaus-Dieter Wirth, kd.wirth@dhg-vorstand.de
	Tony Böhle, tony.boehle@dhg-vorstand.de
	Peter Rudolf, peter.rudolf@dhg-vorstand.de
	Frank Sauer, frank.sauer@dhg-vorstand.de
Bankverbindung:	Landessparkasse zu Oldenburg, BLZ 280 501 00, Kto.-Nr. 070 450 085 (BIC: SLZODE22XXX, IBAN: DE97 2805 0100 0070 4500 85)

Bibliografische Information der Deutschen Nationalbibliothek:
Die Deutsche Nationalbibliothek verzeichnet diese Publikation
in der Deutschen Nationalbibliografie;
detaillierte bibliografische Daten sind im Internet über dnb.dnb.de abrufbar.

© 2023 Haiku-Gesellschaft Deutsche
Herstellung und Verlag:
BoD – Books on Demand, Norderstedt
ISBN 9783-757854-10-2

Bücher

Berichte

Mitteilungen

Die Haiku-Agenda 2024

Ein Bericht der Koordinatorin Eleonore Nickolay

Das DHG-Haiku-Agenda-Team bedankt sich herzlich bei den 57 Autoren und Autorinnen, die sich in diesem Jahr am DHG-Wettbewerb für die Haiku-Agenda 2024 beteiligt haben.

Alle Einsendungen nahm Eleonore Nickolay in Empfang und anonymisierte sie für die Juroren Horst-Oliver Buchholz, Petra Klingl und Klaus-Dieter Wirth, die jeweils 1 bis 3 Punkte vergeben konnten.

In Gedenken an unser verstorbenes DHG-Mitglied Werner Buschmann baten wir seine Gattin, Gabi Buschmann, den Juroren einige seiner Fotos zur Auswahl zur Verfügung zu stellen. Die Wahl der Jury fiel auf den Bläuling, der nun die neue Agenda ziert.

Wir gedenken ebenfalls unserem DHG-Mitglied Ingrid Töbermann, die im April dieses Jahres verstarb. Ihr Herbst-Haiku befindet sich auf einer Kalenderwochenseite.

> Laternenumzug
> die alten Lieder spiel ich
> auf dem Xylophon

Es mussten mindestens 4 Punkte erreicht werden, um mit einem Haiku auf einer Kalenderwochenseite vertreten zu sein.

Das Sommer-Haiku von Angelica Seithe erreichte 7 Punkte:

> Springbrunnen –
> zu Füßen der Nymphe
> badet der Mond

6 Punkte erreichten:

kehrwoche
durch kastanienblüten fegt
der wind
    Tobias Tiefensee

Im Kühlschrank
der Geschmack des Sommers
Honigmelonen
    Deborah Karl-Brandt

Pfingstmesse
die Hände der Bettler
mit Licht gefüllt
    Gabriele Hartmann

Sommerwind
ein Gedanke verliert sich
im Weizenfeld
    Stefanie Bucifal

Tagundnachtgleiche –
altes Pärchen lachend
auf der Wippe
    Angelica Seithe

5 Punkte erreichten 17 Haiku von 15 Autoren und Autorinnen.
4 Punkte gingen an 29 Haiku von 20 Autoren und Autorinnen.

Insgesamt sind 30 Wettbewerbsteilnehmer und -teilnehmerinnen mit einem Haiku auf einem der Kalenderwochenseiten vertreten. Eleonore Nickolay nahm die Auswahl und Verteilung auf die Kalenderwochenseiten vor. Um alle 53 Kalenderwochen den Jahreszeiten entsprechend füllen zu können, griff sie auf 23 Haiku aus vorangegangenen Haiku-Auswahlen von SOMMERGRAS zurück.

Ein besonderer Dank gilt auch in diesem Jahr Ramona Linke für ihre Tuschezeichnungen, die weitere 19 Jahreszeiten-Haiku unserer DHG-Mitglieder zieren.

Somit sind in der neuen Agenda insgesamt 72 Autoren und Autorinnen vertreten. Allen sei herzlich gratuliert!

Ein herzliches Dankeschön auch an Stephanie Mattner (Satz) und Petra Klingl, die sich um die verlegerischen Belange kümmerte.

Der DHG-Vorstand wünscht viel Freude mit der neuen Haiku-Agenda 2024. ISBN: 978-3-75782-980-3

KreAktiv

Sommerzeit, viel Leben findet im Freien statt. Und so hatten wir Sie eingenladen, ein Haiku zum Sommer zu schreiben, nicht zuletzt auch eine Referenz an die Tradition, da die Haiku-Dichtung doch tief in der Jahreszeitendichtung verwurzelt ist. 32 Dichtende machten sich ans Werk und schickten uns ihre Haiku. Vielen Dank!

Die Jury hat wieder gelesen, gewogen und gewichtet, und schließlich war es ein Haiku von **Angelica Seithe**, das die meisten Punkte bekam. Wir gratulieren herzlich! Das Haiku lautet

> so vieles
> was mich überragt
> Junigräser

Ein äußerlich kurzes Haiku, doch weit ist es in seinem Beziehungsreichtum, und tief ist es auch. Zunächst eine lakonische, sehr persönliche Feststellung, „so vieles / was mich überragt". Nun gut, das kann man erstmal so sehen und stehen lassen, wobei es auch schon einer gewissen Einsicht und – möglicherweise altersbedingten – Souveränität bedarf, um diese Äußerung, dieses „Sich-Kleinermachen", in einem Gedicht öffentlich zu machen. Chapeau. Diesem Persönlichen, und hier nimmt das Spannungsfeld seinen Anfang, wird die Natur gegenübergestellt, Mensch – Natur oder besser vielleicht: der Mensch in der Natur. Hier sind es die „Junigräser". Ein Kunstgriff! Sind Gräser im Juni doch zumeist noch nicht sehr hoch gewachsen, aber in ihrer Wirkung im frühen Sommer vielleicht schon überragend. Einerseits. Und andererseits fühlt sich die Dichterin – hier spekulieren wir ein wenig, aber die Deutung ist zulässig – angesichts der Gräser überragt von der Schönheit einfacher Dinge im Sommer. Denn es sind keine Rosen, keine stolzen Blütenkelche, es sind einfache Gräser, die überragen. Diese schönen, einfachen Dinge sind es, die über die Betrachtung zur Einsicht führen. Hier findet sich der Mensch, die Dichtende in der Natur. Kunstvoll auch deshalb gemacht, weil keinerlei vordergründige sprachliche Verbindung hergestellt wird zwischen der einleitenden Äußerung der Zeilen eins und zwei sowie dem Bild in Zeile drei. Im Gegenteil, sie sind durch eine recht schroffe Zäsur nach Zeile zwei getrennt, stehen scheinbar unverbunden gegeneinander. Doch das Verbindende, wohl schon spiritueller Natur, wird dennoch erfahrbar: die noch jungen Junigräser, die reife Einsicht möglich machen. Das ist Kunst. Kunst im Wort, in der Dichtung.

Kommentiert von Horst-Oliver Buchholz

Sieben weitere Haiku hat die Jury für gelungen befunden, die wir hier gerne vorstellen. Alle übrigen Einsendungen veröffentlichen wir wie immer auf der DHG-Website, www.haiku.de/sommergras-142.

auf Schattensuche
unter dem wilden Wein
die Wespe und ich
> **Brigitte ten Brink**

tiefe Wasser
wir segeln in die vier
Winde
> **Gabriele Hartmann**

vertrocknetes Gras
die bunten Blumen
ihres Badeanzugs
> **Birgit Heid**

im Waldteich
Seerosen und Mondsplitter
deine Hand ein Traum
> **Ruth Karoline Mieger**

Wochenlang Sonne -
beim Wässern des Gartens
ein Regenbogen!
> **Willemina Preiß**

der Garten verlassen -
die Taglilien am Zaun
orange-rot wie einst
> **Angela Schmitt**

Sommertag
die Wohnung kalt
ohne sie
> **Friedrich Winzer**

Aufruf: ein Haiku zu einem Foto

Der Herbst klopft an, da kann es schon mal neblig werden. Wohin führen unsere Wege, mag man sich fragen angesichts dieses Bildes. Entstanden ist es auf São Miguel, der Hauptinsel der Azoren. Was löst das Bild bei Ihnen aus, welche Gedanken, Emotionen oder Erinnerungen? Dichten Sie ein Haiku zum Foto! Wir fügen eines der eingesandten Haiku dann mit dem Bild zu einem Haiga zusammen, das im kommenden Heft veröffentlicht wird. Wir freuen uns auf Ihre Einsendungen:

redaktion@sommergras.de
Stichwort: Haiku KreAktiv
Einsendeschluss: 15. Oktober 2023

Haiku-Kaleidoskop

Klaus-Dieter Wirth

Das Haiku in Italien[1]

Am Ende des 19. und im frühen 20. Jahrhundert verbreitete sich auch in Italien ein gewisses Interesse für die japanische Kultur. 1915 erschien eine der ersten Übersetzungen, *Note di Samisen*[2], eine Sammlung japanischer Gedichte (Haiku und Tanka) von Mario Chini (1876–1959), Literat, Lehrer und Kunsthistoriker. Die Übersetzung war dem damaligen Geschmack entsprechend in Reimform gehalten und jedes Gedicht hatte einen Titel.

Agonia del mondo	Agonie der Welt
sopra un ramo seccato	auf einen trockenen Ast
un corvo s'è posato	hat sich ein Rabe gesetzt
e s'è stretto nell'ale	und die Flügel zusammengeschlagen
in questo scolorato	an diesem farblosen
vespero autunnale	Abend im Herbst

       Matsuo Bashō

Mario Chini war Autor von zahlreichen Übersetzungen aus dem Lateinischen, Chinesischen und Japanischen sowie von eigenen Gedichten, die

---

[1]Ein Überblick auf der Grundlage von Materialien von Antonella Filippi und Übersetzungen ins Deutsche von Annette Seimer sowie von Junko Saeki: L'haiku nella vita quotidiana di giapponesi, Cascina Macondo 2015 und „A History of Haiku in Italy" in „The Haiku Foundation Digital Library, June 16, 2023" mit weiteren Beispielen aus dem Internet in meiner Übersetzung.

[2]Die Shamisen ist eine dreisaitige, japanische Spießlaute mit langem Hals und kleinem Resonanzkörper mit Zargen aus Holz; Boden und Decke sind mit Katzen- oder Hundeleder bespannt. Die drei Saiten aus Seide oder Nylon werden mit einem großen, spatelförmigen Plektron geschlagen. Die Shamisen ist in Japan führendes Melodieinstrument im Kabuki-Theater.

postum unter dem Titel *Attimi* (Augenblicke) – *Haikai/Haiku* veröffentlicht wurden.

Meriggio	Mittag
Tutto riposa	Alles ruht
in una stessa inerzia	in der gleichen Trägheit
la luce e l'ombra	Licht und Schatten

Eine der ersten Begegnungen mit der japanischen Dichtung in Italien bot die Literaturzeitschrift *L'Eco della Cultura* (1914 gegründet), die japanische poetische Texte in Bearbeitung von Vincenzo Siniscalchi veröffentlichte. In den Jahren 1920 und 1921 veröffentlichte die Universität Neapel in Zusammenarbeit mit dem japanischen Schriftsteller Harukichi Shimoi, der freundschaftliche Beziehungen zu Gabriele D'Annunzio (1863–1938) unterhielt, die Zeitschrift *Sakura*[3] zum Studium der japanischen Kultur. 1921 erschien in der Zeitschrift *La Ronda* (Die Patrouille) eine im Wesentlichen negative Kritik über die Mode der japanischen *Haikai*, die sich in Frankreich und Spanien verbreitete, wohingegen in den folgenden Jahren viele Futuristen den „schnellen Stil" des Haiku schätzten.

D'Annunzio selbst – ein Repräsentant des Fin de Siècle und spätromantischer Vertreter des Symbolismus – hatte großes Interesse an Japan und pflegte mehrere persönliche Kontakte. Zwischen 1885 und 1890 veröffentlichte er das Gedicht *Outa occidentale*, das der japanischen Metrik des *Tanka* folgt. Die ersten beiden Strophen lauten:

Guarda la Luna	Schau den Mond an
tra li alberi fioriti;	durch die blühenden Bäume;
e par che inviti	es scheint als lade er
ad amar sotto i miti	zur Liebe ein unter dem milden
incanti ch'ella aduna.	Zauber, den er vereint.

---

[3] Jap. Kirschblüte

13

Veggo dai lidi	Von wilden Stränden
selvagge gru passare	sehe ich Kraniche vorbeiziehen
con lunghi gridi	mit langen Schreien
in vol triangolare	im Dreiecksflug
su 'l grande occhio lunare.	vor dem großen Mondauge.

Auch zwei weitere illustre italienische Lyriker, Giuseppe Ungaretti (1888–1970) und Salvatore Quasimodo (1901–68)), Literaturnobelpreisträger 1959, verfassten bereits Gedichte, die dem Haiku ähnelten.

Dennoch hat die Dichtkunst auch in Italien, wie überall in neuerer Zeit, einen schweren Stand, wenn auch das Haiku sich glücklicherweise dank seiner Kürze und seines scheinbar leichteren Zugriffs zunehmend eine gewisse Nische erkämpfen konnte. Das ist der Leidenschaft und Arbeit von vielen Menschen zu verdanken, die es seit den siebziger Jahren lesen und näher erforschen, die an nationalen und internationalen Haiku-Treffen teilnehmen, es in Schulen aller Stufen – selbst in Gefängnissen – unterrichten, Wettbewerbe ausschreiben, öffentliche Lesungen und Tagungen organisieren, Bücher veröffentlichen und kreativ weitere, auch ungewöhnliche Möglichkeiten, erfinden, um seine Verbreitung zu fördern.

So entstand etwa 1985 als allgemeines Kulturprojekt der Verlag „Edizioni Empirìa", der eine seiner Buchreihen ganz der japanischen Dichtung, insbesondere dem Haiku, widmete. Seit 1987 organisiert er zusammen mit dem Verein „Associazione Nazionale Amici dell'Haiku", gegründet vom japanischen Botschafter Sono Uchida, den nationalen Haiku-Wettbewerb „Haiku in Italia".

Eine weitere, sehr rege Gruppierung von Künstlern – wiederum mit umfassenderer sozialer Ausrichtung – fand sich 1993 unter dem Namen „Cascina Macondo" (info@cascinamacondo.com) zusammen. Ihre führenden Köpfe sind Antonella Filippi und Pietro Tartamella, die 2003 auch den Internationalen Wettbewerb für Haiku-Dichtung in italienischer Sprache ausriefen. Als ausgesprochene Innovation wird hier auch das *Raku-Haiku* gepflegt, Haiku als Töpferware interpretiert. Andere Akzente beziehen die Bereiche altersübergreifende Didaktik, kreatives Schreiben und

14

soziale Rehabilitation mit ein. Angehörige dieses äußerst engagierten Krei-
ses mit Sitz in Riva presso Chieri bei Turin sind:

dentro allo specchio	im Spiegel
conto le nuove rughe	zähle ich die neuen Falten
e intanto canto	und singe derweil

    Fiorenza Alineri

fuori stagione	zur Unzeit
è fiorita la siepe –	ist die Hecke erblüht –
la galaverna	Raureif

    Fabia Binci

tra le macerie	zwischen Schutthaufen
sui visi spaventati	auf verschreckten Gesichtern
dignità immensa	enorme Würde

    Fanny Casali Sanna

luce del falò	Lagerfeuerschein
la mia ombra danza	mein Schatten tanzt
a mia insaputa	ohne mein Wissen

    Antonella Filippi

i rami spogli	kahle Zweige
il bisogno improvviso	das plötzliche Bedürfnis
di accarezzarti	dich zu streicheln

    Alessandra Gallo

a metà notte
sul bordo del bicchiere
il suo rossetto

    Giorgio Gazzolo

bassa marea –
l'umida sabbia torna
lavagna vuota

    Oscar Luparia

Mucca nel sole
mi arriva, poi scompare.
Ora un cavallo.

    Arianna Sacerdoti

fiocchi di neve
dal fiato dei cavalli
si allontanano

    Pietro Tartamella

Pellegrinaggio –
mi accompagna in silenzio
la mia ombra

    Maria Laura Valente

c'è solitudine
in un bosco di tombe
canto di cicale

    Anna Maria Verrastro

zu halber Nacht
am Rand des Glases
ihr Lippenstift

Ebbe –
der feuchte Sand wird wieder
zur leeren Tafel

Kuh in der Sonne
kommt näher, verschwindet dann.
Jetzt ein Pferd.

Schneeflocken
entfernen sich
vom Atem der Pferde

Pilgerschaft –
als stille Begleiterin
mein Schatten

es ist einsam
in einem Wald aus Gräbern
Zikaden zirpen

16

il sole ride	die Sonne lacht
coi cento denti d'oro	mit hundert Goldzähnen
di una pannocchia	Maiskolben

    Fabrizio Virgili

Frassino antico.	Uralte Esche,
Segati e accatastati	Gesägt und gestapelt
i tuoi ricordi	deine Erinnerungen

    Ornella Vallino

Seit einigen Jahren gibt es auch den Verein „Associazione Italiana Haiku" (www.aih-haiku.it). Er veröffentlicht alle zwei Monate das Magazin „Haijin Italia", das online an die Mitglieder versandt wird, sowie einen wöchentlichen Newsletter. Seit 2013 organisiert er den „Internationalen Literaturpreis Matsuo Bashō", zu dem Haiku-Liebhaber und Schulen aller Länder und Sprachen Haiku und Senryū einsenden können. Der Verein hat zusammen mit dem Verlag „Edizioni Man'yōshū" in Pordenone das „Archivio Nazionale dei Poeti di Haiku" (www.anph.it) angelegt. Es steht unter der direkten Oberaufsicht des AIH. Verantwortlicher Leiter ist Luca Cenisi, Vorsitzender des AIH und Gründer der „Scuola Yomichi" (Schule „Nächtlicher Weg"). 2015 gründete er die „European Haiku Society" (www.haikusociety.eu), die sich als institutioneller Ansprechpartner für alle versteht, die ihre Kenntnis des traditionellen und modernen Haiku vertiefen wollen. 2015 organisierte sie den ersten „European Haiku Prize", Doch schon im Folgejahr musste die EHS ihre Aktivitäten leider einstellen.

stagno serale –	Teich am Abend –
un'anatra attraversa	eine Ente durchquert
la luna piena	den Vollmond

    Luca Cenisi

Ein anderer nennenswerter Wettbewerb ist der „International Capoliveri Haiku Contest" (www.giorgioweiss.it), der von der Gemeinde Capoliveri auf der Insel Elba in Zusammenarbeit mit „Il Parnaso" (Der Parnass) von Giorgio Weiss ausgeschrieben wird. Er ist offen für Gedichte in allen EU-Sprachen. Im Unterschied zu anderen Wettbewerben gibt er immer ein Thema vor.

Weitere zeitgenössische italienische Haiku-Autoren:

quando fa notte	wenn es Nacht wird
il fiume porta stelle	trägt der Fluss Sterne
verso l'oceano	Richtung Ozean
Brando Altemps	

pioggia d'aprile –	Regen im April –
del tulipano ormai	von der Tulpe jetzt nur noch
solo gli stami	die Staubgefäße
Marina Bellini	

Bianche azalee	Weiße Azaleen
Sorridendo ancora	Immer noch lächelnd
dalla lapide	vom Grabstein
Maria Bianca	

Spicchi di cielo,	Einblicke in den Himmel,
nel tramonto dorato	im goldenen Sonnenuntergang
fanno l'amore.	Liebe machen
Silvia Bistocchi	

Dal pesco fiorito	Vom Pfirsichbaum in Blüte
decolla un petalo	löst sich ein Blütenblatt
sull'ala del vento	auf einem Flügel des Winds
Teresa Bresciani Perez	

declino estivo –
i fiori son pieni
del canto della pioggia

Benedetta Cardone

scheidender Sommer –
die Blumen sind voll
vom Gesang des Regens

fiori di quercia –
forse il volo di un'ombra
tra vento e pioggia

Betty Castagnoli

Eichenblüten –
vielleicht der Flug eines Schattens
von Wind und Regen

piccola mosca
scavalea una nuvola
su una finestra

Andrea Cecon

kleine Fliege
klettert über eine Wolke
auf einem Fenster

Otto bambini
Le mani nella madia
di mia madre

Matilde Cherchi

Acht Kinder
Die Hände im Kleiderschrank
meiner Mutter

autunno
le coese
cessano di esistere

Maria Concetta Conti

Herbst
die Dinge
hören auf zu existieren

foglie d'edera
cresciute sull'amore
scritto sul muro

Guido Cupani

Efeublätter
überwuchern die Liebes-
inschrift an der Mauer

19

sul lago immoto
il remo quieto infrange
solo la luna

Francesco De Sabata

unbewegter See
das leise Ruder zerschlägt
nur den Mond

E gia setembre,
la foglia trema pallida
senza memoria.

Angelo Di Mario

Es ist schon September,
das Blatt zittert blass
ohne Erinnerung.

uva matura …
l'aspro sapore
delle sue parole

Rosa Maria Di Salvatore

reife Traube …
der saure Geschmack
seiner Worte

Petali bianchi
nel cestino da pic nic
rimato aperto

Severa Disingrini

Weiße Blütenblätter
im Picknickkorb
offen gelassen

quasi tramonto
il silenzio sul lago
già un addio

Anna Maria Domburg-Sancristoforo

fast Sonnenuntergang
die Stille auf dem See
schon ein Abschied

ramo spezzato
con la voce del vento
il tronco urla

Moussia Fantoli

gebrochener Ast
mit der Stimme des Windes
heult auch der Stamm

ancora ottobre
ben più rosso dell'acero
un desiderio

    Lucia Fontana

pioggia e sole
l'arcobaleno inizia
dai tetti rossi

    Angela Giordano

Lanterna di carta
io appendo alla trave
La luna a un corno

    Emilio Giossi

dentro il suo guscio
la lumaca, la luna
e il senzatetto

    Antonio Girardi

cielo di maggio –
il canto d'un fringuello
sotto la pioggia

    Lia Grassi

Cadon le foglie.
In cuore si risvegliano
tutti gli addii.

    Margherita Guidacci

wieder Oktober
röter als der Ahorn
ein Wunsch

Regen und Sonnenschein
der Regenbogen beginnt
bei roten Dächern

Laterne aus Papier
Ich hänge sie an den Balken
Der Mond hat ein Horn

im Innern seiner Schale
die Schnecke, der Mond
und der Obdachlose

Himmel im Mai –
der Gesang eines Buchfinks
unterm Regen

Die Blätter fallen.
Im Herzen erwachen
alle Abschiede.

Sfidano il vento	Sie trotzen dem Wind
solitari tra i sassi	einsam zwischen den Steinen
i papaveri	die Mohnblumen

Nicoletta Ignatti

In terra ostile.	Im feindlichen Gebiet.
Si muovono minacciosi	Bedrohlich bewegen sich
ancora i giunchi.	sogar die Binsen.

Çlirim Muça (gebürtiger Albaner)

Brezza salata	Salzige Brise
Un cartoccio di fritto	Eine Tüte mit Frittiertem
sul lungomare	an der Strandpromenade

Loredana Nespoli

a primavera	im Frühjahr
tra ricordi ingialliti	zwischen vergilbten Erinnerungen
profuma il cedro	Zedernholzduft

Doris Pascolo

voci nell' aria –	Stimmen in der Luft
dal prato verde si alza	von der grünen Wiese erhebt sich
tiepido il vento	lauwarm der Wind

Maria Peterlini

Viaggio in treno	Zugreise
solitudine	Einsamkeit
in ogni smartphone	in jedem Smartphone

Toni Piccini

Lite in famiglia	Familienzwist
lumache sulle rose	Schnecken auf den Rosen
mangiano spine	fressen Dornen
Marco Pilotto	
il primo sole –	die erste Sonne –
la rugiada del prato	der Tau der Wiese
ritorna al mare	er kehrt zum Meer zurück
Maria Teresa Piras	
tempo sprecato –	verschwendete Zeit
il pero perde fiori	der Birnbaum verliert Blüten
di giorno in giorno	von Tag zu Tag
Michele Pochiero	
cielo plumbeo	bleierner Himmel
nessun arcobaleno	kein Regenbogen über
sul fiume in piena	dem reißenden Fluss
Ambra Quilleri	
petali bianchi …	weiße Blütenblätter …
mi passa accanto	an mir vorbei
una farfalla	ein Schmetterling
Giuliana Ravaglia	
il primo amore –	die erste Liebe –
ciliegie selvatiche	Wildkirschen
dal gusto acerbo	mit unreifem Geschmack
Anna Rimondi	

Pigne sul tavolo
un tempo è stata viva
la primavera
  Carla Vasio

Tannenzapfen auf dem Tisch
einst war er lebendig
der Frühling

colpi di zappa –
volteggiano soffioni
senza una meta
  Daniela Zglibutiu (geb. Rumänin)

Schläge mit der Hacke –
Pusteblumen wirbeln
ziellos herum

leggendo
un haiku di Issa
la prima ape
  Angiola Inglese

beim Lesen
eines Haiku von Issa
die erste Biene

Fazit: Das Haiku hat sich auch in Italien im letzten Jahrhundert nach und nach von einer Nischendichtung nur für Orientalisten und Eingeweihte weiter fortentwickelt, von einer „Literatur der Liebhabersitzungen und des einsamen Geistes" zu einem ernstzunehmenden fruchtbaren, faszinierenden Gegenstand für den kommunikativen Austausch und Unterricht, für Wettbewerbe, Konferenzen und internationale Begegnungen.

Eleonore Nickolay

Die französische Ecke

Das Thema der 80. Ausgabe von Gong, der Vierteljahresschrift der Association Francophone de Haïku, sind Haiku von Kindern. Der Grundschullehrer Fitaki Linpé, die Verlegerin Isabel Asúnsolo und der Autor Thierry Cazal erzählen von ihren jahrzehntelangen Workshop-Erfahrungen mit Kindern.

Hier einige Haiku, die sie als Beispiele anführen:

Coccinelle –
dans mon pot de yaourt
des feuilles et de la terre
    Albéna

Marienkäfer –
in meinem Joghurtbecher
Blätter und Erde

Vent humide –
une feuille douce
chatouille ma joue
    Lucie

Feuchter Wind –
ein zartes Blatt
kitzelt meine Wange

Fleurs de pissenlits
Un insecte se promène
Sur ma main
    Hary

Löwenzahnblumen
Ein Insekt spaziert
Auf meiner Hand

Un papillon?
Près de la roue de mon fauteuil
la violette me regarde
    Elise

Ein Schmetterling?
Nah am Rad meines Rollstuhls
betrachtet mich ein Veilchen

Die französische Haiku-Gesellschaft feierte ihr 20-jähriges Bestehen im Mai mit einem Festival in Fécamp (Normandie), das für seine Steilküste bekannt ist. So war das Thema des Haiku-Aufrufs dieses Mal „Steilküsten und Gischt". 63 Autoren und Autorinnen beteiligten sich mit 183 Haiku.

elle regarde les vagues
s'écraser sur la falaise
tempête dans la tête

Thomas Albarran

sie betrachtet die Wellen
wie sie an der Steilküste brechen
Sturm im Kopf

Ouvrant les huitres
ce parfum retrouvé
du petit port de pêche

Anne Brousmiche

Beim Öffnen der Austern
dieser wiedergefundene Duft
des kleinen Fischerhafens

pêche à pied
quelques silhouettes se diluent
dans les embruns

Sylvane Donnio

Angeln am Strand
ein paar Silhouetten lösen sich auf
in der Gischt

Roulis des vagues
dans la fraîcheur des embruns
la dame au ciré jaune

Isabelle Carvalho Teles

Das Auf und Ab der Wellen
in der Frische der Gischt
die Dame im gelben Regenmantel

pieds dans le sable
elle s'étire au premier soleil
la falaise

Gérard Dumon

die Füße im Sand
bei den ersten Sonnenstrahlen
streckt sich die Felswand

fraîcheur du soir
la plage soudain rendue
aux embruns

Marie-France Evrard

Abendfrische
der Strand plötzlich wieder
der Gischt zurückgegeben

vent du large –
avec ou sans lunettes
les lointains flous

Damien Gabriels

Meeresbrise –
mit oder ohne Brille
die Ferne unscharf

banc de brouillard
sur le fleuve Saint-Laurent
un bateau fantôme

    Julie Gosselin

falaise brumeuse
seule à grimper l'à pic
l'odeur de la mer

    Michèle Harmand

Vent du large
La brume marine
Grignote la falaise

    Andrée Steenssens

Nebelbank
auf dem Fluss Saint-Laurent
ein Geisterschiff

Steilküste im Nebel
die Felswand erklimmt nur
der Geruch des Meeres

Meeresbrise
Der Nebel knabbert
An der Felswand

27

Moritz Wulf Lange

Zwei Haiku – ein Gedanke

Das Haiku ist nicht einfach nur ein Naturgedicht, es ist – im klassischen Haiku unter Zuhilfenahme eines Jahreszeitenbezugs – auch ein Ausdruck menschlicher Erfahrung. Manchmal bestätigt sich dies auf ungewöhnliche Weise. Aber der Reihe nach.

Vor einiger Zeit erhielt ich eine Mail mit dem Hinweis auf die April-Auswahl 2023 der von mir sehr geschätzten Internet-Seite ›haiku heute‹. Dort sei ein Haiku veröffentlicht, das der Schreiberin der Mail bekannt vorgekommen war:

nach der Bescherung
sorgsam faltet sie
das Geschenkpapier

Geschrieben hat dies Haiku Christof Blumentrath, dessen Haiku mir hier und da bereits aufgefallen sind. In der Mail wurde ich auch an meinen eigenen Beitrag im Haiku-Kreis der Deutsch-Japanischen Gesellschaft in Bayern/München vier Monate zuvor, im Dezember 2022, erinnert, der dort auf positive Resonanz gestoßen war und der folgendermaßen lautete:

Nach der Bescherung
glättet sie ohne Eile
das Geschenkpapier.

Seitdem hatte ich mein Haiku weder irgendwo vorgestellt noch eingereicht; es ist ausgeschlossen, dass Herr Blumentrath es gekannt hat. Wie aber kann es sein, dass uns beiden ein fast identisches Haiku gelungen ist? Mit dieser Frage im Hinterkopf habe ich Herrn Blumentrath eine Mail geschrieben und ihn, wenn möglich, um Auskünfte zum Hintergrund seines Haiku gebeten. Die Antwort war verblüffend. Er schrieb mir, dass in seiner

Ursprungsfamilie auf vielfältige Weise gespart wurde, wozu auch gehörte, dass seine Mutter (die ›sie‹ im Haiku) Geschenkpapier und Bänder möglichst noch einmal verwertete; ferner bat er um Auskunft zum Hintergrund meines eigenen Haiku.

Ich schrieb ihm, dass es ganz dieselbe Tradition in meiner Familie gab; meine Urgroßeltern, meine Großeltern und meine Mutter sind im Krieg im letzten Moment aus Ostpreußen entkommen, bevor die nahende Front alles überrollte. Die Familie hat 1945 im Westen noch einmal ganz von vorn anfangen müssen. Mit den nun bereits bekannten Folgen für die Behandlung von Geschenkpapier – notgedrungen bei meiner Oma, aus Tradition immer noch bei meiner Mutter, sodass in der ›sie‹ in meinem Haiku meine Großmutter und meine Mutter zusammenfließen. Und beide Familiengeschichten, die von der Notwendigkeit zu sparen erzählen, finden sich in den beiden Haiku wieder.

Vielen Dank an Christof Blumentrath für die Erlaubnis, sein Haiku hier abzudrucken und die Hintergründe der Entstehung erwähnen zu dürfen.

Nachruf

Stefan Wolfschütz

Ingrid Töbermann 27.01.1956–13.04.2023

Ingrid Töbermann, geboren 1956 in Westerstede/Niedersachsen, lebte seit 1978 in Berlin. Nach ihrer Ausbildung arbeitete sie zunächst als Kinderkrankenschwester in Oldenburg, später studierte sie Sozialarbeit und Sozialpädagogik an der Evangelischen Fachhochschule Berlin. Seit 2014 war sie Mitglied der Deutschen Haiku-Gesellschaft. 2017 gestaltete ich ihr Buch „Haiku Lichtblicke", das im gleichen Jahr im Hamburger Haiku Verlag erschien.

Durch eine Herzklappenoperation im Jahr 2004 und ein Nierenleiden war sie in Berlin weitestgehend auf ihre Wohnung zurückgeworfen, kleinere Spaziergänge machte sie zwar noch, aber die letzten Jahre fielen ihr immer schwerer. Gedichte und später Haiku wurden für sie eine existenzielle Lebensgrundlage. Ihre Schwester berichtete mir später, dass sie Zeit ihres Lebens in der Familie dafür bekannt gewesen ist, Gedichte zu schreiben, womit sie bereits im Alter von sechs Jahren begann. Sich im engen Raum mit Worten und Bildern ausdrücken zu können, das ermöglichte ihr, aus eben dieser Enge ihrer häuslichen Umgebung, in Gedanken, in ihrer Fantasie, in den Bildern, die sie im Kopf malte herauszutreten:

Hochsaison der Ausflugsdampfer –
Über „Fortuna"
schwingt sich der Reiher.

In ihrem 2012 erschienenen Buch „Grünes Land in Sicht" schildert sie eindrücklich ihre Erlebnisse nach und während einer schweren Herzoperation 2004. Noch vor der OP hatte sie ein Haiku verfasst:

leuchtend rotes Herz
getragen von der Welle —
grünes Land in Sicht.

Eine Krankenhausseelsorgerin, die sie damals begleitete, lernte dieses Haiku auswendig und verabredete mit Ingrid, falls sie nicht aus der Narkose aufwachen wolle, dass sie ihr das Haiku aufsagen soll. Die Krankenhausseelsorgerin erzählte ihr später, dass es nach der OP einen kurzen Augenblick des Wachseins gegeben habe, Ingrid Töbermann habe gelächelt und gemurmelt: „Grünes Land in Sicht".

Diese Verbundenheit mit den Worten der Gedichte und am Ende vor allem der Haiku behielt sie durch bis kurz vor ihrem Tode. So gerne wäre sie noch einmal an den Ort ihrer Kindheit gereist, nach Westerstede im Ammerland, an den Ort, wo ihre Schwester und weitere Familienangehörige noch wohnen. Doch die lebensnotwendige Nähe zu den Behandlungszentren für Niere und Herz ließen das nicht zu. Und so erfüllte sie sich am Ende diesen Wunsch durch den Gedankenflug mittels eines Haiku, das sie ganz kurz vor ihrem Tod schrieb:

Heimkehr im Frühling
in der alten Kirche
den Taufstein berührt

Neue DHG-Mitglieder

Neue DHG-Mitglieder im ersten Halbjahr 2023 – alphabetisch zusammengestellt von Thomas Opfermann

Folgende neue Mitglieder heißen wir herzlich willkommen und freuen uns, sie mit zwei eigenen Texten hier an dieser Stelle vorstellen zu können:

Torsten Hesse aus Salzwedel/Sachsen-Anhalt

Nah beim Friedhof
kräht und kräht ein Hahn -
wen will er wecken?

Fast blind bin ich schon,
doch unübersehbar noch
der Mohnblüte Rot

Hans-Jürgen Matthes aus Glückstadt/Schleswig-Holstein

Fahrt durch die Allee
Wechsel von Licht und Schatten
das Grün der Bäume

Adler am Himmel
der Pfeil ist nicht weit entfernt
welch klare Sommernacht

Jutta Petzold aus Braunschweig/Niedersachsen

Falläpfel
Umzug
ins Erdgeschoss

ohne dich
deine Farben
nur Farben

Angela Schmitt aus Dörrenbach/Rheinland-Pfalz

beinah, als war
es erst gestern, als
du zu uns kamst

gleich den Blüten der Kirsche -
verflogen im Wind

Jennifer H. Weber aus Karlsruhe/Baden-Württemberg

Die Nacht ist tiefschwarz.
Zigaretten glimmen auf.
Ein leises Gespräch.

Himmelsfinsternis.
Der Totenstille entweicht
ein Donnergrollen.

Foto: Claudia Brefeld und Haiku: Christof Blumentrath

Kompakt

Haben Sie immer schon mal einen Begriff rund ums Haiku gehabt, zu dem Sie gerne etwas mehr erfahren würden? Dann schreiben Sie an die Redaktion oder an post@claudiabrefeld.de

Claudia Brefeld

Seijaku
(Anfrage eines DHG-Mitglieds)

Zu den sieben japanischen Ästhetik-Prinzipien des Wabi Sabi zählt u.a. neben yūgen (siehe SOMMERGRAS Nr. 137) auch das seijaku (静寂).

Zurück aus China etablierte der japanische Mönch Myōan Eisai (明菴栄西) (1141–1215) im 12. Jahrhundert in Japan nicht nur die Teezeremonie sondern auch den Zen-Buddhismus, in dem die Wurzeln des Wabi Sabi liegen. Diese ästhetische Philosophie spiegelt bis heute das japanische Konzept der Schönheit in der Unvollkommenheit und der Einfachheit sowie der Vergänglichkeit wider und ist u. a. in der Malerei, der Gartenkunst, der Teezeremonie, der Haiku-Dichtung und der Kalligrafie zu finden.

Umrissen wird dies von den sieben Prinzipien:
Kanso – Schlichtheit
Fukinsei – Asymmetrie oder Unregelmäßigkeit
Shibumi – Schönheit im Unauffälligen
Shizen – Natürlichkeit ohne Prätention
Yugen – subtile Anmut und Tiefgründigkeit
Datsuzoku – Freigeistigkeit
Seijaku – Ruhe und friedvolle Stille

Schon bei der Auflistung wird deutlich, dass diese Wesenszüge nicht klar voneinander zu trennen sind, sondern vielmehr ineinander fließen. Der

Zen-Meister Shin'ichi Hisamatsu (久松 真一) (1889–1980) schreibt dazu: „In jedem einzelnen dieser sieben Grundzüge sind auch die anderen mit enthalten."

Seijaku bezieht sich darauf, inmitten des Chaos des Lebens und des Lärms der Welt ein Gefühl der Ruhe und Ausgeglichenheit zu erreichen. Dabei geht es nicht nur um den körperlichen Zustand, sondern auch um die Fähigkeit, geistig und spirituell Stille und Frieden in sich selbst zu finden – in Geschäftigkeit und hektischer Umgebung. Seijaku ist in der Stille der Natur zu finden, aber es ist auch das Gefühl der Gelassenheit im Angesicht von Widrigkeiten.

Hisamatsu äußerte sich über die „Stille" wie folgt:

„Die Stille oder, anders gesagt, die gelassene Ruhe, wirkt sich nicht nur in ruhigen Zeiten aus, sondern erst recht in den unruhigen und geräuschvollen. Ein Zen-Wort lautet: ‚Mit dem Schrei des Vogels wird der Berg noch stiller.' Die tiefe Stille eines Berges wird durch den Vogelruf nicht gestört, sondern wirkt gerade dadurch noch stiller und tiefer." (in: Shin-ichi Hisamatsu: Kunst und Kunstwerke im Zen-Buddhismus)

An dieser Stelle bietet sich Bashōs Haiku Zikadenzirpen anschaulich als Beispiel an:

Japanisch:	Transkription:
しずかさ や (静けさ や)	shi zu ka sa ya –
いわ に しみ いる (岩に滲み入る)	i wa ni shi mi i ru
せみ の こえ (蝉の声)	se mi no ko e

„Wenn man dieses Haiku übersetzt, dann bedeutet es so viel wie
‚Stille – / in den Felsen dringend / Zikadenzirpen'.
Durch das Wort Zikaden wird die Jahreszeit, der Sommer, angedeutet. Das Wort ‚dringend' (shi mi i ru) bezieht sich ebenfalls sowohl auf die Stille als auch auf das kommende Zikadenzirpen. Die dynamische Beziehung zwischen

Subjekt und Objekt wird durch diese Verbindung für einen Augenblick deutlich." (in: Hsiao-Hua Yang: Die musikalische Rezeption der Zen-Ästhetik …)

Und so wird auch hier eindrucksvoll erkennbar, dass im Haiku das Unsagbare durch das Ungesagte erfahrbar wird.

Quellennachweise:

— Hsiao-Hua Yang (2012): Die musikalische Rezeption der Zen-Ästhetik im Spannungsfeld zwischen Ost und West. Inauguraldissertation. Philosophische Fakultät der Universität Heidelberg

— Shin-ichi Hisamatsu: Kunst und Kunstwerke im Zen-Buddhismus. In: Die Philosophie der Kyōto-Schule (hrsg.) von Ryōsuke Ohashi (2014), 3. Auflage. Verlag Karl Alber. Freiburg. ISBN 978-3-495483-16-9

— 7 Japanese Aesthetic Principles for Achieving Wabi Sabi: https://danslegris.com/blogs/journal/7-japanese-aesthetic-principles (25.06.2023)

— Shin'ichi Hisamatsu: https://kotobank.jp/word/久松真一-14880 (25.06.2023)

— Myōan Eisai: https://religion-in-japan.univie.ac.at/Kamigraphie/Myōan Eisai (25.06.2023)

Auswahlen

Die Haiku- und Tanka-Auswahl September 2023

Es wurden insgesamt 200 Haiku von 75 Autoren und 57 Tanka von 24 Autoren für diese Auswahl eingereicht. Einsendeschluss war der 15. Juli 2023. Diese Texte wurden vor Beginn der Auswahl von mir anonymisiert.

Jedes Mitglied der DHG hat die Möglichkeit, eine Einsendung zu benennen, die bei Nichtberücksichtigung durch die Jury auf einer eigenen Mitgliederseite veröffentlicht werden soll.

Eingereicht werden können **nur bisher unveröffentlichte Texte** (gilt auch für Veröffentlichungen in Blogs, Foren, inklusive die Foren auf HALLO HAIKU, sozialen Medien und Werkstätten etc.).

Bitte keine Simultan-Einsendungen!

Bitte **alle** Haiku/Tanka **unbedingt gesammelt in einem Vorgang** in das Online-Formular auf der DHG-Webseite HALLO HAIKU selbst eintragen: https://haiku.de/haiku-und-tanka-auswahl-einreichen/

Ansonsten per Mail an: auswahlen@sommergras.de

Der nächste Einsendeschluss für die Haiku-/Tanka-Auswahl ist der 15. Oktober 2023.

Jeder Teilnehmer kann bis zu **sechs** Texte – **drei** Haiku und **drei** Tanka – einreichen.

Mit der Einsendung gibt der Autor/die Autorin das Einverständnis für eine mögliche Veröffentlichung in der DHG-Haiku-Agenda, auf http://www.zugetextet.com sowie für eine mögliche Vorstellung auf der Website der Haiku International Association.

Haiku-Auswahl

Die Jury bestand aus Horst-Oliver Buchholz, Birgt Heid und Deborah Karl-Brandt. Die Mitglieder der Auswahlgruppe reichten keine eigenen Texte ein.

Alle ausgewählten Texte – 57 Haiku von 40 Autoren – werden in alphabetischer Reihenfolge der Autorennamen veröffentlicht. Es werden max. zwei Haiku pro Autor aufgenommen.

„Ein Haiku, das mich besonders anspricht" – unter diesem Motto besteht für jedes Jurymitglied die Möglichkeit, bis zu drei Texte auszusuchen (noch anonymisiert), hier vorzustellen und zu kommentieren. Diesmal wurden sechs Haiku ausgewählt.

Da die Jury sich aus wechselnden Teilnehmern zusammensetzen soll, möchte ich an dieser Stelle ganz herzlich alle interessierten DHG-Mitglieder einladen, als Jurymitglied bei kommenden Auswahl-Runden mitzuwirken.

Für die Wettbewerb-Koordination: Peter Rudolf

Ein Haiku, das mich besonders anspricht

Nebelmorgen
im Brennofen kühlen noch
chiemseeblaue Teller

Bernadette Duncan

Die spätere Herbstzeit ist sicher eine gute Jahreszeit, um zu töpfern oder sich anderen kreativen Arbeiten zu widmen, weil sie zumeist häuslicher Natur sind. In diesem Haiku wurden für sich oder für andere Menschen Teller getöpfert, glasiert und gebrannt. Praktische Haushaltsgegenstände, die zusätzlich mit dem Flair des individuellen Kunsthandwerks und dem besonderen Charme der optischen Gestaltung verbunden sind und deren Benutzung weit mehr Genuss bietet als neutrale weiße Massenware. Doch nicht nur das: Teller haben mit unserer Nahrung zu tun, die wir gerne gepflegt zu uns nehmen, die uns befriedigend sättigt und uns damit am Leben erhält.

Der Brennvorgang ist abgeschlossen. Das Wort „noch" deutet darauf hin, dass bereits andere Geschirrteile fertiggestellt wurden und die Teller vielleicht als letzte Stücke an der Reihe waren.

Der Autor oder die Autorin spielt mit Temperaturgegensätzen, sodass es mir selbst ein wenig heiß und kalt wird, als würde ich im heißen Sommer aus einem kühlen See steigen.

Die Farbbezeichnung der Töpferware ist außergewöhnlich, weil sich die Farbe des Chiemsees, wie vermutlich vieler Voralpenseen, je nach Wetterlage und den Gegebenheiten des Untergrunds zwischen tiefem Türkisblau und verschiedenen Grautönen bewegt, die Farbe also gar nicht genau festgelegt werden kann. Vielleicht ist die Farbe der Teller ein helles Türkis, oder es wurden gar blaue Bereiche mit grauen Schlieren kombiniert. Doch am Wort selbst spüre ich die Besonderheit der Glasur, die die Teller tragen. Die Vorstellung des Chiemsees, der Weite, der freien Zeit, die man dort glücklich verbracht hat, sowie der sportlichen und geselligen Möglichkeiten, sprang sofort auf mich über. Die Idee, dass man den nebelgrauen Herbst mit den frischen Seefarben und den in der Glasur verschmolzenen Erinnerungen seiner Teller erträglicher machen möchte, leuchtet unmittelbar ein. Noch dazu, weil man den Nebelmorgen mit November assoziiert und insofern der Winter noch lange dauern wird. Viel Zeit, um die schönen Teller zu genießen. Viel Zeit auch, um sich Gedanken darüber zu machen, wie das eigene Wohlbefinden in grauen Lebensphasen gesteigert werden kann, um es auch anderen, beispielsweise mir in diesem Haiku, zugutekommen zu lassen.

Ausgesucht und kommentiert von Birgit Heid

Laue Nacht
Zuletzt verstummen
die Zikaden

Gabriele Hartmann

Ein klassisches, gelungenes Haiku. In sechs Wörtern mit zwölf Silben ist alles gesagt, selbst die Zikaden sind nun still. Warum zieht mich dieses Haiku so an?

Es ist in Fragment und Phrase unterteilt, wobei das Fragment hier das Fenster ins Haiku öffnet, die Stimmung erzeugt (laue Nacht). Das Bild von Sommer entsteht vor meinen Augen, auch wenn „laue Nacht" kein Kigo ist. Traditionell wird das Kigo meist in die erste Zeile, den ersten Vers gesetzt, um dem Leser die Stimmung und das Setting des Haiku vorzustellen.

Möchte man bei „laue Nacht" von einem Kigo reden, dann könnte es nur als schwaches Kigo angesehen werden.

Die Phrase hingegen endet mit einem Kigo, einem starken Kigo (Zikaden), welches für den mittleren und späten Sommer steht. Das Haiku ist ein Rätsel, um seine Bedeutung zu erfassen, müssen wir bis zum Ende, bis zum Kigo, lesen.

Zuletzt verstummen also auch sie, die Zikaden. Es ist nicht mehr ihre Zeit. Ein Jahreszeitenwechsel steht vor der Tür, eine Transformation findet statt (im Verstummen der Zikaden). Das ist der Lauf der Welt. Alles ist der Veränderung unterworfen. Und auch, wenn wir jetzt noch in warmen Nächten gesellig und bei guter Laune auf den Terrassen oder unseren Balkonen sitzen mit Freunden und Familie, gehen auch diese Tage vorbei. Deshalb ermahnt uns das Haiku sanft, wir sollen sie genießen, diese leichten, guten Tage. JETZT!

Ausgesucht und kommentiert von Deborah Karl-Brandt

Stolpersteine
ich schultere
mein Erbe

Gabriele Hartmann

Auch in meiner Stadt findet man sie überall: Stolpersteine. Dort, wo früher jüdisches Leben zu Hause war. Als Teil meiner Stadt. Viel ist nicht geblieben: eine zerstörte Mikwe am Rheinufer, Stolpersteine und Stolperlesezeichen, wo 1933 mit den Nazis sympathisierende Studenten Bücher verbrannten.

Dieses Senryu, welches nur aus fünf wohlgesetzten Wörtern besteht, entlässt den Leser nicht aus seiner Verantwortung. In der ersten Person geschrieben, ist da von „mein(em) Erbe" die Rede. Jahrhunderte lang war die jüdische Kultur Teil dieser Kultur, hat diese Kultur mitgeprägt und ist somit auch mein kulturelles Erbe.

Heute kann man sich fragen, wie groß es noch ist. Mehr als siebzig Jahre nach dem Holocaust ist jüdisches Leben in Deutschland zwar noch vorhanden, aber kaum mehr sichtbar. Ein schweres Erbe, das der Leser antreten muss. Es ist kaum erträglich: das Hinschauen, das Sich-Erinnern, aber es bedeutet einen Akt der Solidarität. Es geht um die Frage, was Menschlichkeit ist, was der Einzelne bereit ist mitzutragen, ob das lyrische Ich und der Leser bereit sind, Position zu beziehen und sich der Barbarei entgegenzustellen, auch wenn der Weg vielleicht ein steiniger ist.

Das lyrische Ich hat diese Entscheidung getroffen, denn es schultert aktiv sein Erbe.

Ausgesucht und kommentiert von Deborah Karl-Brandt

verwählt
in seiner stimme
etwas wie heimat

Michaela Kiock

Dieses Haiku erinnerte mich sofort an meinen Sohn als Kleinkind, der, fasziniert von den technischen Möglichkeiten des Telefons, wahllos Nummern wählte und begeistert die übliche Ansage als „Kein Anschluss dieses Mumba" nachplapperte. Doch gelegentlich waren andere Menschen am Apparat. Sein fröhlich gefragtes „Onkel Andi?" signalisierte mir, dass er eine gültige Nummer erwischt hatte. Ich klärte ihn auf, dass es ein anderer Mann war, der in einer ähnlichen Stimmlage wie der Vermutete gesprochen hatte.

Die Verknüpfung neuer Erlebnisse mit bereits bekannten Erfahrungen ist die grundlegende Lernerfahrung, die kleine Kinder machen, um sich die Welt zu erklären. Aber auch Erwachsene benutzen im Alltag sogenannte Skripts, also Schlussfolgerungen aus bisherigen Erfahrungen, ohne die man sich nicht schnell und sicher durch die Welt bewegen könnte. Ungewohnte Vorkommnisse oder Örtlichkeiten können dadurch rasch eingeordnet werden. Fremdes wird einem vertraut, indem im Unterbewussten eine Reihe von Abgleichen erfolgt, bis man sich einigermaßen sicher ist. Vielleicht fragt man auch nach, um letzte Zweifel zu beseitigen.

Ob diese Vermutungen von Offenheit oder von Vorurteilen geprägt sind, hängt sicher mit den eigenen Erfahrungen und dem persönlichen Naturell ab. Wenige Zweifel bestehen jedoch bei vorliegendem Haiku, denn das Wort „Heimat" wird allgemein positiv bewertet.

Wie wunderbar ist es, den vertrauten Dialekt oder die Klangfarbe der Sprache zu hören, die einen an das frühere Zuhause erinnert. Erst recht, wenn das Erlebnis überraschend auftritt, wie bei einer zufälligen Begegnung oder einer falsch gewählten Telefonnummer. Mit einem Moment wird man an das eigene Leben in der Herkunftsregion erinnert. An die Eltern und Freunde, die Jugend, die Ausbildung oder das Studium, die erste Liebe, die Landschaft, die Städte und Dörfer. All das Vertraute eben.

Wenn ich selbst eine fremde Person treffe, die meinen Heimatdialekt spricht, beginne ich stets ein kurzes fröhliches Gespräch mit ihr. Manchmal stellt sich heraus, dass man in der Nähe gewohnt hat oder dass es gemeinsame Bekannte gibt. Da schließt sich der Lebenskreis, die Biografie rundet sich, so mein Empfinden. Ein heimatlicher Klang ist für eine kurze Zeit wie die Rückkehr nach Hause.

Ausgesucht und kommentiert von Birgit Heid

verwählt
in seiner stimme
etwas wie heimat
Michaela Kiock

Eine verunglückte Situation. Das Telefon läutet, man eilt herbei und greift erwartungsvoll zum Hörer. Doch kein Vertrauter meldet sich, kein Freund, sondern … ein Fremder: „verwählt". Das ist enttäuschend, zunächst. Doch plötzlich die Wendung, in der Stimme des Fremden wird überraschend etwas Vertrautes erfahrbar, „etwas wie heimat" klingt an. Aus Distanz wird Nähe, aus der Enttäuschung Interesse, vermutlich genaueres Hinhören, Aufmerksamkeit, vielleicht entspinnt sich ein kurzes Gespräch, ein Kennenlernen. Das ist eine gelungene offene Komposition auf engem Raum und an sich schon recht gut. Doch es kommt etwas hinzu, das den drei Zeilen noch etwas mehr Tiefe gibt, nämlich das einschränkende, relativierende „etwas" in Zeile drei, das anzeigt: die Distanz wird eben nicht ganz überwunden, es bleibt etwas Fremdes, etwas Distanzierendes. So durchmisst dieses Haiku den Raum zwischen Nähe und Distanz, zwischen Fremdheit und Vertrautem. Die Maßeinheit ist dabei die Sprache! Sprache als das wesentliche Element für „etwas wie heimat", für Heimatempfinden, vielleicht gar ein Sehnsuchtsort. In diesen nur zwölf Silben finden wir eine hohe inhaltliche Anreicherung, die gedankliche Tiefe mit einer Lakonie in der Sprache verbindet. Dass in den Zeilen eins und drei eine kleine Alliteration mitschwingt, setzt dem Haiku noch ein kleines Glanzlicht auf. Wunderbar.

Ausgesucht und kommentiert von Horst-Oliver Buchholz

verwittertes Wegekreuz
als wäre nichts
gewesen

Eva Limbach

Ich musste das Haiku ein paar Mal lesen, bis ich es für mich verstand. Unter „als wäre nichts gewesen" stellte ich mir zunächst eine Begebenheit unter Menschen vor. Ein Konflikt oder eine Liebesbeziehung, etwas, was zwei oder mehrere Personen miteinander verbunden hat, dieses Verbindende jedoch nicht mehr in die Gegenwart zu reichen scheint. Keine Erinnerung ist beim anderen zu erkennen, dass da mal etwas war. Doch ich konnte keinen Zusammenhang mit dem Wegekreuz herstellen. Bestenfalls die Assoziation, dass sich die Wege, die sich womöglich beim Wegekreuz selbst kreuzen, dazu führen, dass man auseinandergegangen ist und sich wieder getroffen hat. Doch das „als wäre nichts gewesen" gibt eine Zusatzinformation, die ich nicht zuordnen konnte.

Das „verwittertes" führte mich weiter. Das Wegekreuz vergeht allmählich. Mir leuchtete spontan ein, dass das „Als wäre nichts / gewesen", die Religion selbst meint. Wenn das Kreuz ganz zerfallen sein wird, erinnert an dieser Stelle nichts mehr an die religiöse Absicht der Menschen, die es dort aufgestellt haben. Vielleicht, um Gott für reiche Ernten zu danken oder an einen hier verstorbenen Mitmenschen zu erinnern. Vielleicht war es ein Grenzzeichen oder der Standort war ein als heilig empfundener Platz. Als hätte es die Religionsausübung nicht gegeben.

Es bleibt offen, ob die Parallele positiv oder negativ bewertet wird. Diese Offenheit ist großartig, denn jeder Leser und jede Rezipientin wird sich in dem Haiku ein Stück weit selbst wiederfinden, sich in der eigenen

Haltung bestätigt fühlen. Was wird dann sein, mag man sich fragen, wenn das Wegkreuz zerbrochen beziehungsweise das Christentum bedeutungslos geworden ist? Ist dies eine bange oder womöglich eine befreiende Frage?

Schließlich geht es um wichtigste philosophische Überlegungen im Leben. In welche Richtung zeigt meine Kompassnadel? Wer ist mir Vorbild? Welche Regeln erkenne ich als sinnvoll für mich und die Gemeinschaft an? Was kommt nach dem Tod? Diese großen Fragen, ob Gott und die Bibel oder die philosophischen Schriften von der Antike bis heute als Orientierung im Diesseits wie auch bezogen auf ein mögliches Jenseits dienen, diese fundamentalen Fragen spiegeln sich in diesem Haiku wider.

Ausgesucht und kommentiert von Birgit Heid

Nach dem Regen
die Invasion der Schnecken
zum Salat

Evelin Schmidt

Auf den ersten Blick ein schlichtes, humorvolles Sommer-Haiku. Phrase und Fragment gliedern das Gedicht in zwei Teile. In der ersten Zeile ein Himmelsphänomen, die anderen zwei beschreiben dann die sehr erdgebundenen Konsequenzen. Plötzlich sind sie da, die bei Hobbygärtnern unbeliebten Weichtiere, die gierig frisches Gartengrün verspeisen.

Ich sehe eine Horde roter, brauner, schwarzer oder schwarz-gelb gestreifter Nacktschnecken, höre das Geräusch ihrer Raspelzungen, als sie die usurpierte Nahrung zerkleinern. Eine Invasion.

Der Regen zu wenig, die Sommer zu heiß. Bedroht von Austrocknung, der Unterernährung ausgesetzt, müssen die Schnecken nehmen, was sie kriegen können. Jede Gelegenheit nutzen, weil ihnen sonst der Tod droht. Klimaopfer!

Bruce Ross schrieb, das Haiku stelle essentiell die Beziehung des

Einzelfalls mit dem Universellen her. Für mich beinhaltet dieses Haiku eine Mahnung, die Lebensgrundlagen dieser Erde für die Menschheit und alle Lebewesen zu erhalten.

Ausgesucht und kommentiert von Deborah Karl-Brandt

Die Auswahl

Abschied
im schwindenden Licht
sein Schatten
Christa Beau

Equal Pay Day –
eine Biene stößt und stößt
gegen das Fenster
Tony Böhle

die Braille-Schrift
der Blütenblätter –
zarteste Hebungen
Stefanie Bucifal

es killt sanft
dein Schweigen nach dem
Liebesgeständnis
Michael Deisenrieder

Haltestelle
aus der Bahn steigen
Gerüche
Christa Beau

Der Buddha
auf dem Grabstein lächelt
aus der Tiefe
Heiner Brückner

im nächsten Leben
Schwalbe sein und wiederkehren
für einen Sommer
Stefanie Bucifal

Das Gespräch verstummt:
Ein riesiger Vollmond schwebt
über den Dächern.
Reinhard Dellbrügge

erstes Grau
ein Teil deines Haares
ist Mondlicht

Frank Dietrich

Brandgeruch
die Flüchtlinge im Haus
beten für Frieden

Hildegard Dohrendorf

Nebelmorgen
im Brennofen kühlen noch
chiemseeblaue Teller

Bernadette Duncan

Brombeeren zupfen –
der Pilger dreht sein Gesicht
in das Morgenlicht.

Volker Friebel

Alter Schulatlas
viele Länder
tragen falsche Namen

Dieter Gebell

ein weilchen noch
zusammen sein
hand in hand

Gregor Graf

Ich bin schwanger
über sein Gesicht huscht
ein Schatten

Wolfgang Gründer

nach und nach
gehen uns die Themen aus
letzte Sterne

Frank Dietrich

Gewitterschwüle
die Spatzen nehmen
ein Sandbad

Hildegard Dohrendorf

Kindheitsende
ich stelle mich
vor Mutter

Hubert Felber

Fliegende Schwäne ...
Warum trägt dieser Himmel
nicht mich.

Volker Friebel

Liebesspiel
der Mond
in ihren Augen

Dieter Gebell

das Treppenhaus
leichter Biergeruch
Papa ist da

Wolfgang Gründer

Frühlingsbrise –
ihr leises Lied
am Gartentor

Claus Hansson

wilde Rose
einmal noch treiben
im Abendwind
Claus Hansson

Stolpersteine
ich schultere
mein Erbe
Gabriele Hartmann

kondolenzbesuch
sie spricht von hohen
kursverlusten
Michaela Kiock

Auf der Pirsch
wir hören
das Gras wachsen
Petra Klingl

unterm Moskitonetz
wir lernen
mit dem Krieg zu leben
Eva Limbach

blaue Hortensie –
auf der Bank neben ihr
nimmt die Stille Platz
Ramona Linke

Den Fluss betrachtend
ein Alter: das Leben treibt
dem Meer entgegen
Werner Martini

laue Nacht
zuletzt verstummen
die Zikaden
Gabriele Hartmann

Trockener Sommer –
er gießt das Unkraut am Weg
der närrische Alte
Torsten Hesse

verwählt
in seiner stimme
etwas wie heimat
Michaela Kiock

auch du
bist jetzt ganz weiß
Löwenzahn
Gérard Krebs

verwittertes Wegekreuz
als wäre nichts
gewesen
Eva Limbach

Yogastunde
allein mit dem Ungesagten
Ramona Linke

der Nachbar im Zug
ich erzähle mir
seine Geschichte
Ingrid Meinerts

Hundstage
in den Eistüten
schmilzt der Sommer
Ingrid Meinerts

Novembergrau
wieder streiten sie
ums Besuchsrecht
Ruth Karoline Mieger

Trauerarbeit
ich begebe mich in die Obhut
der Eiche
Eleonore Nickolay

das Lachen im Halse
zu weit gegangen
die Puppe des Bauchredners
Walter Rödig

Atemzüge
zwischen den Wellen
das Schweigen des Meeres
Frank Sauer

Kranichrufe
die Sandaletten
im Schrank verstauen
Ruth Karoline Mieger

Nachtarbeiter
in einer Pfütze
wird es Tag
Eleonore Nickolay

Lederschuhe am Seeufer
ein Brief
„Für Anna"
Heike Pfingsten-Kleefeld

Zeitungsnachricht
WELTTAG DER POESIE
doch kein Gedicht
Rita Rosen

innerer zwist –
mit diesem haus hier verwurzelt
die kletterrosen
Birgit Schaldach-Helmlechner

in der flachen Schale drei Schwertlilien – gelbe Stille
Angela Schmitt

die Marktfrau schreit
die Möwe weicht nicht
aus der Reihe
Helga Schulz Blank

Frühnebel
aus dem Grau
ruft ein Kuckuck
Helga Schulz Blank

auf meinem Weg
blitzt die Sonne auf
in einer Scherbe

Marie-Luise Schulze Frenking

immer öfter
morgens im Spiegel
meine Mutter

Marie-Luise Schulze Frenking

Ihre feinen Adern
Unter pergamentner Haut
Welkende Tulpen

Monika Seidel

durchsonntes Fenster –
die seltene Neigung
mich weit zu öffnen

Angelica Seithe

schlaflos – ich lausche
den vielen Facetten
der Stille

Brigitte ten Brink

Abendsonne
die Pforte zum Friedhof
nur angelehnt

Jan Weck

wieder im Wald
die Brennnesseln kennen
mich noch

Stefanie Wichert

Thermik
ein Gleitschirmflieger folgt
dem Bussard

Friedrich Winzer

Tanka-Auswahl der HTA

Silvia Kempen und Martin Thomas wählten 6 Tanka von 4 Autoren aus.
„Ein Tanka, das mich besonders anspricht" – hier wird diesmal ein Tanka
vorgestellt und kommentiert.

Ein Tanka, das mich besonders anspricht

zwischen zwei Bissen
fragst du nach Salz und Pfeffer
ohne zu sehen
dass ich das kleine Schwarze
und die Perlen heut' trage

Gabriele Hartmann

50

Der Alltäglichkeit, zwischen zwei Bissen nach Salz und Pfeffer zu fragen, steht die Eleganz des kleinen Schwarzen und der Perlen gegenüber. Ein gelungener Gegensatz.

Laut der Psychologie neigen Menschen, die Schwarz tragen, zu Ernsthaftigkeit, sie möchten respektiert werden. Dazu kommt hier, dass mit dem Tragen des „kleinen Schwarzen" eine Erwartung einhergeht. Ein wohl mit Sorgfalt vor- und zubereitetes Essen mit wahrscheinlich festlich gedecktem Tisch, vielleicht zu einem bestimmten Anlass. Die Perlen könnten ein Geschenk des Partners gewesen sein.

Doch der Partner würdigt weder das Essen noch das Outfit der Frau. Er verlangt nach Salz und Pfeffer und das „zwischen zwei Bissen", also wie nebenbei. Vielleicht liest er sogar die Tageszeitung, denn er sieht sie nicht einmal.

Eine einzige Enttäuschung für die Frau. Sie wird nicht nur nicht respektiert, sie wird noch nicht einmal richtig wahrgenommen. Da passt es schon fast wieder, dass das kleine Schwarze wohl einst aus Trauerkleidung hervorgegangen ist. Das Verhalten dieses Mannes ist einfach traurig.

Ausgesucht und kommentiert von Silvia Kempen.

Die Auswahl

der Pegel sinkt
Ruinen erheben sich
aus dem Schlamm
als hätte die Erde
ein Machtwort gesprochen
Frank Dietrich

im Museum
die stille Anmut
der Fossilien
ich füge mich
in mein Tierschicksal
Frank Dietrich

unter Gerümpel
mein alter Teddy – du rollst
mit den Augen
als ich ihm Asyl gewähre
in deiner Betthälfte

Gabriele Hartmann

An diesem Abend
disputieren sie eifrig,
die Frösche im Teich.
Ihrem Ratschluss vertrauend
sinke ich sanft in den Schlaf.

Torsten Hesse

zwischen zwei Bissen
fragst du nach Salz und Pfeffer
ohne zu sehen
dass ich das kleine Schwarze
und die Perlen heut' trage

Gabriele Hartmann

das leise Rauschen
des Windes in den alten
Friedhofsbäumen
es ist als erzählten sie
sich dort Geschichten

Brigitte ten Brink

Sonderbeitrag von René Possél

verwählt
in seiner stimme
etwas wie heimat

Michaela Kiock

Ich mag Haiku, die sich nicht ganz erschließen bzw. deren Sinn offen und vieldeutig bleibt – wie dieses.

Das Eröffnungswort bezeichnet eine Situation, die jeder kennt: „verwählt". Da ruft einer an – und hat offenbar falsch gewählt. Ein Mann ist es auf jeden Fall – „in *seiner* stimme" heißt es. Ich stelle mir vor, man kennte das Haiku sukzessive, nur vom Sprechen oder Vorlesen, ohne die dritte Zeile schon zu wissen …

Dann bliebe nach der zweiten eine Spannung. Was liegt in der Stimme dieses Anrufers, der falsch gewählt hat? „in seiner stimme / etwas wie heimat". Meint das, die Stimme des Fremden hat einen Zungenschlag, einen Dialekt, der mich an meine Heimat erinnert, oder vielleicht eine Wärme, eine andere Eigenart, die heimatliche Gefühle hervorruft?

Das Wort „Heimat" als letztes Wort steht hier im Gegensatz zum ersten Wort „verwählt". Das Fremde und das Vertraute kommen so unerwartet auf einmal zusammen. Der Vorgang des Verwählens selbst führt die Pointe herbei; es ist gewissermaßen der Zufall, der das Haiku schreibt. Und wer weiß, was „etwas wie heimat" bedeutet …

Mitgliederseite

Jedes Mitglied der DHG hat die Möglichkeit, eine Einsendung zu benennen, die bei Nichtberücksichtigung durch die Jury der Haiku- und Tanka-Auswahl auf dieser Mitgliederseite veröffentlicht werden soll.

Ergreif den Finger
in herber Rückenlage,
schwarzblauer Käfer!

Thomas Berger

Keine Kinder mehr
im verwilderten Garten
Nelken in Töpfen

Eva Beylich

kommt ein Pferd in die Bar …
wieder ein Gespräch
über Krebs

Maya Daneva

Aufgerissen das
Land, Wüste statt blühender
Gärten, trostlos, leer.

Loretta Gaukel

Rettungsgasse
Kondensstreifen kriechen
durchs Blau

Gabriele Hartmann

Bergwanderung
bei Hitze – vom Talgrund
blinzelt ein Bachlauf

Sylvia Hartmann

„die zeit liegt im kopf
gleich neben dem traum" – was weiß
der enkel L mehr ?

Bernhard Haupeltshofer

Himmel auf Erden
eine Wiese
voller Wegwarten

Angelika Holweger

Im alten Schuhkarton
schwarzweiße Fotos von Oma und Opa
und ein Vaterunser

Petra Klingl

Den Duft des Rapses
mit dem Handy einfangen –
das kann ich nicht

Barbara Lindner

Amadeus
will hoch hinaus
am Rosenbogen

Jutta Petzold

rote pfingstrosen
am spielplatz jugendliche
bei der balz

Johann Reichsthaler

54

Chrysanthemenblume –
irgendwie vermisse ich
dich im Frühling
Dragan J. Ristić

am Abend zeichnet
die Sonne ihr Tagewerk
in den Sand
Frank Sauer

quiet quitting
die neue nimmt
einen bitteren
Annika Carmen Schmidt

Ich hülle mich in
unsre Sternschnuppenträume –
die Nacht ist stürmisch.
Katja Schröder

Papierschiffchen in
Seenot, der kleine Bach
plötzlich ein Ozean
Alexander Strestik

Vergiss-mein-nicht
und Maiglöckchen verblühen –
ich erinnere mich
Angela Hilde Timm

Im brennenden Müll
gebären viele Tüten
warme Mahlzeiten.
Jennifer Weber

Vollmond
eine Welle umarmt
Mont-Saint-Michel
Peter Rohrbeck

Buchmesse
der Bestseller meiner Wahl:
ein Glückstagebuch
Michael Rasmus Schernikau

nach dem Regen
die Invasion der Schnecken
zum frischen Salat
Evelin Schmidt

Im Schein der Sonne
gedeiht das Wildkraut prächtig.
Der Gärtner taucht auf.
Gerhard A. Spiller

Füße, die Waage
aus der Küche Wohlgeruch
Beziehungskrise
Jochen Stüsser-Simpson

In kalten Tagen
wärmt der dicke Zopf die Brust
er ist mein Ofen
nur für einen Teilbereich.
Möcht ihn nicht missen.
Christa Wächtler

feuchte Waldhitze
mein eifriges Gefolge
Insektenwolke
Stefanie Wichert

Die Auswahl der folgenden Texte ebenso wie alle in dieser Ausgabe abgedruckten Haiga erfolgte durch Horst-Oliver Buchholz, Eleonore Nickolay, Claudia Brefeld und Thomas Opfermann.

Bei eigenen Einreichungen enthalten sich die Redaktionsmitglieder ihrer Stimme, Meinung und Wertung.

Gerne verstärken wir unsere Jury in jeder Ausgabe um eine wechselnde Gaststimme. Wir laden alle DHG-Mitglieder ein, sich hierzu bei der Redaktion unter redaktion@sommergras.de zu melden!

Bei allen Beiträgen (inklusive Haiga) bitte keine Simultaneinsendungen. Bitte senden Sie je Gattung (Haiga, Haibun, Tan-Renga, etc.) **maximal drei** Beiträge an redaktion@sommergras.de!

Haibun

Rita Rosen

Tagebuch

Lange kenne ich schon die Dichterin Annette von Droste-Hülshoff. Vieles über ihr Leben ist mir bekannt. Ab und zu las ich, dass sie eine Schwester hatte, Jenny genannt. Von ihr wissen wir wenig. So machte ich mich auf, etwas über sie zu erfahren. Ich entdeckte, dass sie ein Tagebuch geschrieben hat.

Heute liegt es wohlverwahrt im Westfälischen Literaturarchiv Münster. Nach Anmeldung kann ich es einsehen. In einen modernen weiß-kühlen Leseraum bringt mir der Angestellte einen Stapel alter braun-grauer umschnürter Kartons. In ihnen liegen achtzehn Kladden. Mit weißen Handschuhen und einem Spachtel kann ich die Seiten umblättern. Ein feiner modriger Staub wird aufgewirbelt. Die Blätter, vergilbt und trocken, sind dicht von Rand bis Rand beschrieben. Mit einer kritzeligen Handschrift. Ich muss mich einlesen. Mir gefallen einige Ausdrücke: „heute den 1ten Jannarius" oder das oft wiederholte: „brief an … brief von … ". Auch die

Briefe an und von Annette wurden vermerkt. In der Zeit, als Jenny, nun verheiratete von Laßberg, auf der Meersburg lebte, gingen viele Briefe hin und her. Der Kontakt brach nie ab. Das Tagebuch führte sie bis zu ihrem Lebensende. So viel von ihrem Leben und dem der Dichterin erfahren wir hierin, es müsste mehr gelesen werden.

Der Mitarbeiter unterbricht meine Gedanken. Die Lesezeit ist um. Ich bedaure dies. Er lädt mich ein wiederzukommen. Das werde ich tun. Es gibt noch mehr zu entdecken.

> ihr Bild an der Wand
> lächelt mir zu -
> ich starte den PC

Gabriele Hartmann

Perseiden

War es der Vollmond? Die beiden letzten Nächte verleiteten mich – schlaflos wie ich war – vergeblich Ausschau nach Sternschnuppen zu halten. Du meintest, du hättest das kosmische Ereignis noch nie gesehen. Ich erinnere mich an laue Sommernächte mit fallenden Sternen, in denen ich mir so manches wünschte, was dann zum Glück nicht in Erfüllung ging.

War es meine Schlaflosigkeit? Tagsüber bin ich saumselig und genieße den langsameren

> Rhythmus
> lass einfach meinen Hut
> auf …

Gabriele Hartmann

Endöd

Am tiefsten Punkt der breiten Einfahrt wartet ein alter Mann. Er trägt einen schwarzen Hut mit breiter Krempe, stützt sich auf einen Krückstock. Nah der Straße eine junge Frau, zu ihren Füßen ein spielendes Kind. Sie beschirmt ihre Augen und späht in die Ferne, lauscht.
Später wird der alte Mann den Krückstock weglegen, den Hut abnehmen, die Hände falten und das Kind wird fragen „Warum weinst du, Mutter?"

> Blaulicht
> der Himmel verliert
> seine Unschuld

Bernadette Duncan

Nun, da die Farben der Rosen

sich als geliehen erweisen und ein unerbittlicher irdischer Kostümverleih sie endgültig zurückfordert, retten wir uns in die Musik, holen verstaubte Fiedeln hervor, polieren und stimmen und setzen ein Datum wie einen Notenschlüssel an den Anfang der Zeit. Dabei kommt nur der Winter.
Während die Kühe sich also eines Abends immer noch über das frühe Melken wundern, treffen vermummte Gestalten mit allerlei Kästen im alten Schulhaus ein, und im Licht der gleichen Lampen, unter denen wir lesen gelernt haben, blicken wir verstohlen auf die neuen Linien, die der Sommer in unsere Gesichter gezeichnet hat, tun aber weiterhin so, als ob es nur ein Fall von verlorenen Radiergummis wäre.

> einer hebt die hand
> und es wird still wie im herz
> vor dem ersten schlag

Norbert Flemming

DIE ZEIT

… spricht das lyrische Ich im Gedicht „Wie wenig nütze ich bin" von Hilde Domin, sie „verwischt mein Gesicht".
Diese Zeile kam mir in den Sinn, als ich die im Mittelalter entstandenen Fresken in der Wallfahrtskirche zu Eliskirch am Bodensee in mich aufnahm.
Eines, „Drei Lebende und drei Tote" – nach der gleichnamigen Legende – zieht mich in seinen Bann.
Die Gesichter der höhergestellten Lebenden (einer trägt eine Krone) im linken Bilddrittel, auf leiserem, vergehendem Rot, lassen Details nur mehr erahnen, wogegen diejenigen im rechten Drittteil, mit kräftiger noch und dunkler klingenden Rottönen, zwar auch deutlich „verwischt", jedoch – immerhin – sich als Totenschädel zu erkennen geben. Über dem Ersten und dem Dritten wölbt sich, leider nicht mehr lesbar, je ein Spruchband. Auch das ist dem Wirken der Zeit geschuldet.
Und sie ist noch nicht fertig. Sie habe schon begonnen, heißt es weiter im Gedicht, und ich ersetze für mich „schon" mit „erst". Die Lebenden treffen auf sich selbst, ersichtlich an den gleichartigen Kopfbedeckungen, als spiele die Zeit ihnen einen Streich, indem sie ihnen die einzige Gewissheit, die die Zukunft bereithält, drastisch vor Augen führt; alles andere, was dazwischenliegt – Wünsche, Pläne, Hoffnungen, Taten, Enttäuschungen auch – hingegen verschweigt. Macht diese Begegnung die noch Diesseitigen demütig, gütiger, verständiger? Bescheidener? Gelingt es ihnen, „die ein oder andere Laterne (…) in den Herzen am Wegrand" anzuzünden?
Memento mori!

was bleiben wird
ein Stern unnahbar weit weg
trägt meinen Namen

Evelin Schmidt

Der neue Freund

Sie kam aus dem fremden Land, in dem das Leben von Angst be-
stimmt war.
Wir lernten uns über ein gemeinsames Projekt kennen und wurden See-
lenverwandte.
Neulich erzählte sie mir, dass sie einen neuen Freund im Haus gefunden
hat, was mich sehr freute und neugierig machte.
Er ist wohl um sie rumgeschwänzelt, und sie hat in ihrer Muttersprache
mit ihm gesprochen und geflirtet. Keine Ahnung, woher er die Sprache
kannte. Er war jedenfalls begeistert und legte sich zu ihren Füßen.
Seinen Namen hat sie von der Nachbarin erfahren, er heißt Casanova.
Das sagt schon alles über diesen Kater.

im Treppenhaus
auf leisen Pfoten
und es bleibt still

Christof Blumentrath

VIELLEICHT DORT HINTEN

Bis zum Kreisverkehr hatte ich gedacht, ich kenne mich aus. Die kleine
Tankstelle am Ortseingang – dort hatte ich als Fünfzehnjähriger mein
Mofa betankt.
„Nehmen Sie die zweite Ausfahrt".
Ich befolge diesen Rat und weiß nicht mehr, wo ich bin.
Auf der Wiese hat man die schwarz-bunten Kühe durch Mehrfamilienhäu-
ser ersetzt.

In der Hosenfabrik arbeitet jetzt ein Kieferorthopäde.

Der schmale Pfad entlang der Brombeeren heißt inzwischen Adenauerring, hier wird niemand mehr sein Bonanza-Fahrrad an die Weißdornhecke lehnen und im Garten des Organisten Kirschen klauen.

Die Namen auf den Klingelschildern kenne ich nicht. Nicht einen.

Keine Tür zum Anklopfen.

Ich lausche. Nirgendwo poltert ein Handkarren über Kopfsteinpflaster, es gackert kein Huhn.

Doch der Kirchturm weist mir den Weg zu den Sternen, die wir damals vom Himmel holen wollten. Sie sind alle noch da. Einem von ihnen habe ich vor Jahren deinen Namen gegeben.

noch ein Glas
das Erlebnismosaik
wird bunter
…

Christof Blumentrath

RÜCKKEHR

Im Garten entdecke ich weißen Mohn. Klein und schrumpelig kommt er daher, legt sich verschämt in den Schatten des Johanniskrauts, welches in jeder Gartenecke seine Ellbogen ausfährt. In der Kühle des Morgens, die meinem unausgeschlafenen Körper guttut wie der Versöhnungskuss nach einem überflüssigen Streit, mache ich ein Foto von ihm. Zwei. Die Blütenblätter sind sehr fein, fast transparent und filigran strukturiert, doch fototechnisch nachbearbeitet wirken sie wie ein Fels, hart und unnachgiebig.

Fensterplatz
wir studieren die Landkarte
aus Zufällen

Michaela Kiock

die Turmuhr

Zehn Glockenschläge ziehen meinen Blick in die Höhe, den Himmel kreuzen Flugzeuge – wohin? Tragen sie Güter, die Frieden bringen? Zwischen Rosenbüschen verklingt das Gartenfest, aus dem Schlafzimmer ein Kinderlied . . .

 Nachtwind
 sie legt ihre Hände
 um die Kerze

Michaela Kiock

Grenzüberschreitung

Als ich zwei Kirschblüten am Wegrand aufhebe, noch glänzend und vom Wind zerzaust, krabbelt ein winziger Käfer ins Licht. Die lege ich rasch zurück zu sprießenden Gräsern und verwittertem Laub, gehören dem Wald …

 zaghafte Schritte
 zwischen Lilien und Libellen
 Stimmen …

An der bemoosten Panzersperre zwei Wanderer bei Butterbrot und Limonade.

Michaela Kiock

Heimweg

Nach der Schwüle des Augusttages zum Abend Wolken mit Lichtsaum.
Wind hebt wilde Ähren am Straßenrand. Kinder in bunten Kleidern. Wie
ich mich der Innenstadt nähere: heißes Metall, Staub, Parfüm, Burger, As-
phalt, Gräser, gurrende Tauben ... tauche ein in den Fließtext der Luft ...

aus der Häuserschlucht
Leuchtet
ein Lächeln

Birgit Heid

Gnade

Hüttenfest des Pfälzerwald-Vereins auf dem Ringelsberg. Die Bänke auf
der Aussichtsterrasse und um das Wanderheim füllen sich, Pavillonzelte
werden aufgestellt. Bald beginnt der Waldgottesdienst in Mundart. Blu-
menschmuck auf dem kleinen Platz, die Pianistin und die Pastorin im Talar
kurz vor dem Einsatz. Der verlorene Sohn, der sein Erbe verjubelt, als
Bettler zurückkehrt und vorbehaltlos vom Vater empfangen wird. Viel ist
vom „Vadder" die Rede.
An der Kuchentheke die Unterhaltung über die „Klimakleber".
Wenn meine Kinder sich beteiligen würden, ich würde sie kleben lassen.
Meine Tochter würde ich aus dem Haus werfen.
Woher kommt diese Wut?

Drückend heiß
die Songtexte der
drei alten Musiker

Birgit Heid

Rhythmus

Mein Blutspendetermin im Dorfgemeinschaftshaus. Die vorbereitenden Stationen sind durchlaufen, aber der Arzt möchte einen neulich mir verabreichten Impfstoff wissen. Ich muss noch einmal nach Hause eilen. Nach der Prüfung darf ich spenden. Beim letzten Mal hatte ich Kreislaufprobleme, aber heute kribbelt es nur in den Händen. Die flotte Musik und der Blick vom Liegestuhl in den Saal mit graublauem Linoleum erinnern mich an eine Eislaufhalle … Junge Leute drehen lachend ihre Bahnen, halten sich an den Händen oder gleiten rückwärts im großen Kreis. Ich sehe von außen zu. Die weiß gekleidete, junge Rotkreuz-Helferin könnte in meiner Vorstellung eine Bloody Mary reichen … mein Beutel ist voll.

>   Knabbergebäck
>   meine gewagtesten
>   Sprünge

Angela Schmitt

Finden

du hast sie erfahrbar gemacht
im leeren Raum der „Zeichnungen von Ryoanji"
im Rhythmus vom „Vortrag über nichts"
im Tacet der drei Sätze

>   4'33"
>   was ich höre –
>   Stille

64

Helga Stania

braunkehlchen

brüten hier in blühenden bergwiesen, deren mahd aufgeschoben wird, bis die jungvögel ihre nester verlassen haben. nie war mir die vielfalt der frühsommerdüfte bewusster als heute

Unbenennbar
die elemente
der stille

aufziehendes Gewitter unter Buchen finden wir Zeit

Haiga: Gabriele Hartmann

Tan-Renga

Michaela Kiock und Gabriele Hartmann

Mondfinsternis
unsere Hände beginnen
zu sprechen

im rankenden Efeu
erstirbt Geflüster

MK / GH

Rita Rosen und Brigitte ten Brink

Äquinoktium
Abendlicht und Morgenrot
grüßen sich – endlich

beim Tanz um den Baum
meine Hand fest in deiner

RR / BtB

Kettengedichte

Es können auch längere und lange Kettendichtungen eingereicht werden, diese werden dann aber nicht mehr im SOMMERGRAS, sondern auf der DHG-Website parallel zur jeweiligen SOMMERGRAS-Ausgabe veröffentlicht. Auf diese Weise wird die gemeinschaftliche Kettendichtung besser gefördert, da es so keine Platzeinschränkungen mehr gibt, die beim SOMMERGRAS ja immer eine Rolle spielen.
Die Kettendichtungen (*renku*) bitte immer mit dem zugrunde liegenden Schema und Anmerkungen einreichen, da es so für die Leser besser nachvollziehbar ist.
Wir freuen uns auf Ihre Zusendungen!

Renhai

Ilse Jacobson und Angelika Holweger

Herbstblues

gelb und braun
mit flammendem Rot
noch ist die Leinwand weiß   AH

den Herbstblues pfeifen   IJ
dichter schon der Katze Fell   AH

Himmelwärts
taumelnd   IJ

Haiku-Sequenz

Ilse Jacobson und Helga Stania

Grashalme

eine Nachtigall
Vielleicht
nur ein Traum

Grashalme dirigieren den Fluss

langsam entrollt sich
das seidene Bild –
vom Tor fällt Rost

in meinen neuen Morgen Winddüfte

auf langen Leitern
zu den schwarzen Kirschen--
Korb um Korb

HS 1; 3; 5 / 2; 4 IJ

Bücher

Claudia Brefeld

Der Geruch von Harz

Der Geruch von Harz. 20 Haiku von Deborah Karl-Brandt. Mit 10 Grafiken. Rotkiefer-Verlag, Berlin, 2023. Haiku-Heft 07. ISBN 978-3-949029-20-2, 46 Seiten.

Deborah Karl-Brandt, 1981 geboren, lebt und arbeitet als freie Autorin und Dichterin in Bonn. Mit „Der Geruch von Harz" legt sie ihr erstes Haiku-Bändchen vor.

Und es ist dieses kleine, schlichte Bändchen, das mich neugierig macht. Denn das Oxymoron „Weniger ist mehr" bekommt für mich gerade auch beim Haiku-Lesen ein besonderes Gewicht – im doppelten Sinne, wenn man so will. Prall gefüllte Haiku-Bücher machen mich rastloser beim Lesen – mit dem Effekt, dass am Ende kaum etwas in Erinnerung bleibt. Ein schmales Bändchen hingegen macht den Inhalt kostbarer und lässt die Besonderheiten der Haiku nachhaltiger in den Vordergrund treten – ein längeres Verweilen auf jeder Seite scheint sich wie von selbst einzustellen.

Aber schon der Buchtitel zieht mich an – und während ich fast unbewusst etwas intensiver einatme, schlage ich eine Seite auf und lese:

> *Herbstregen*
> *Der Geruch von Harz*
> *wo die Fichte stand*

Harz verströmt einen warmen, waldigen Duft, der etwas Beschützendes (allerdings zugleich auch etwas Aktivierendes) hat. Und dies scheint sich leicht, ja fast tröstend, über manches Haiku zu legen:

Sonnenuntergang
Mein Schatten größer
als ich selbst

Depression
Der Wind schlägt
eine neue Seite im Tagebuch auf

Und auch die Duftbotschaft des Harzes, die Stärkung der inneren Mitte, findet ihre wunderbare Ergänzung in:

Rheinblick
Der Atem fließt
und fließt

Meine Empfehlung: Sich in diese kleinen gesammelten Augenblicke hineinzulesen, um dort zu verweilen – es lohnt sich!

Brigitte ten Brink

Een licht aantikken maar
Just a light touch
Ein leichtes Antippen nur

Ein internationales Haiku-Projekt zu den Gemälden des Genter Altars

Diederik De Beir: Een licht aantikken maar / Just a light touch / Ein leichtes Antippen nur.
haiku in – het Lam Gods – in haiku
Uitgeverij C. de Vries-Brouwers. Antwerpen – Rotterdam. 2023.
ISBN 978 90 6164 483 2

Der Genter Altar ist das Werk der flämischen Brüder Jan und Hubert van Eyck. Er entstand im ersten Drittel des 15. Jahrhunderts.

Der Altar ist ein Flügel-Altar. Er misst in geschlossenem Zustand 375 x 260 cm, geöffnet 375 x 520 cm. Mit zugeklappten Seitenflügeln zeigt er 12, mit geöffneten 14 Gemäldetafeln.

Der Genter Altar ist ein hochkomplexes Kunstwerk. Jedem der einzelnen Bilder des Altars kommt durch die Ausgestaltung Jan van Eycks eine besondere symbolische Bedeutung zu, die relevant für die gesamte Darstellung ist.

„Een licht aantikken maar" nun ist eine von dem belgischen Haiku-Autoren Diederik De Beir herausgegebene Anthologie mit Haiku zu den Bildern des Genter Altars. Im Jahr 2020, als die Stadt Gent, nach umfangreicher Restaurierung des Altars, das van-Eyck-Jahr feierte, fragte Diederik De Beir bei ihm bekannten Haiku-Autoren nach, ob sie Haiku zu den Bildtafeln des Altars verfassen möchten. Acht belgische und zehn Autoren aus anderen Ländern folgten diesem Aufruf.

Nachdem Diederik De Beir die eingereichten Haiku gesichtet und ausgewählt hatte, jeder Autor konnte vier Haiku einreichen, bat er den Komponisten und Organisten Dirk Blockeel, die Haiku zu vertonen. Am 9. Mai

2021 wurden die vertonten Werke in der St. Martinskirche in Kortrijk ur-aufgeführt und aufgenommen, leider ohne Publikum, da es zu diesem Zeit-punkt noch Kontaktbeschränkungen aufgrund der Corona-Pandemie gab. Drei der Partituren, „De zingende engelen – Die singenden Engel", „De musicerende engelen – Die musizierenden Engel" und „Stadsgezicht – Stadtansicht" befinden sich ebenfalls im Anhang der nun erschienenen Anthologie „Een licht aantikken maar". Die sehr beeindruckenden Auf-nahmen können auf You-Tube angeschaut und angehört werden.[1]

Den Titel der Anthologie „Een licht aantikken maar" entnahm Die-derik De Beir (wie er schreibt, ohne zu zögern – „Without any hesitation", S. 27) einem Haiku Birgit Lockheimers zu der Bildtafel der musizierenden Engel.

so sacht der Einsatz
ein leichtes Antippen nur –
Engelsmusik

zo zacht de inzet
een licht aantikken maar –
engelenmuziek

how soft the entry
just a light touch –
angelic music   S. 49

Jedem Haiku ist eine Doppelseite zugedacht. Auf der linken Seite stehen oben die Nummer und der Titel der Bildtafel, der sich das Haiku widmet, und unten der Name der Autorin bzw. des Autors. Auf der rechten Seite ist das Haiku abgedruckt. Eingeteilt ist das Werk in vier Kapitel, je zwei für die Bereiche des geöffneten und des geschlossenen Altars. Diesen Ka-piteln sind jeweils eine Blumenzeichnung von De Beirs Sohn Thimotheus De Beir vorangestellt.

Das Vorwort und der Anhang der Anthologie sind in Niederländisch und Englisch gehalten, die Haiku jeweils in der Originalsprache sowie in

Niederländisch und Englisch. Noch vor dem Vorwort findet der Leser vier Grafiken mit den nummerierten Bildtafeln und den Titeln der einzelnen Tafeln. So kann jedem Haiku seine Position im Altar und sein Thema zugeordnet werden.

Im Anhang finden sich Anmerkungen und Erklärungen zu einigen der Haiku, zur symbolischen Bedeutung der in den Illustrationen abgebildeten Blumen und ein Verzeichnis der beteiligten Autorinnen und Autoren.

Die Wirkung der Haiku und der Sinn der Texte entfalten sich natürlich am besten vor dem Hintergrund der Bilder, denen sie gewidmet sind. Ansichten des Genter Altars finden sich im Internet[2].

Es ist bemerkenswert und äußerst eindrucksvoll, wie Diederik De Beir und seine Mitstreiterinnen und Mitstreiter auf ihre Weise, ganz individuell und speziell, den Genter Altar und somit die Kunst der Gebrüder van Eyck würdigen und wie vielfältig die Sichtweisen sind, denen die Haiku Ausdruck verleihen. Das Buch bietet die Möglichkeit, sich intensiv mit der Entstehungsgeschichte des Genter Altars, vor allem jedoch, sich mit der Vielschichtigkeit und der Genialität des künstlerischen Schaffens der Gebrüder van Eyck auseinanderzusetzen. So ist „Een licht aantikken maar" ein Beitrag zur und ein Baustein in der Rezeptionsgeschichte des Genter Altars und seiner Schöpfer.

[1]10 Videos der Haiku-Vertonungen zum Genter Altar „Das Lamm Gottes" von Dirk Blockeel
https://www.youtube.com/@diederikdebeir5756

[2]closertovaneyck.kikirpa.be

Quellennachweise:

– Das menschliche Glotzen der Lämmer von Stefan Trings, FAZ online, 03.02.2020
– Die Jan-van-Eyck-Schau im Museum der Schönen Künste Gent (faz.net) nicht als Webadresse, sondern als Suche eingeben

– Genter Altar: Das Lamm Gottes ist umgezogen von Sebastian Preuss, 03.04.2021
– https://www.weltkunst.de/kunstwissen/2021/04/genter-altar-st-bavo-ka-thedrale
– https://de.wikipedia.org/wiki/Genter_Altar

Foto: Christof Blumentrath und Haiku: Claudia Brefeld

Rüdiger Jung

Gespiegelte Welt

Ingo Cesaro: **Gespiegelte Welt.** Holzschnitte: Brigitte Neustäbler. Papier Werkdruck 100g 175faches Volumen; Schrift: Gadugi 16/12 p., Japanblock; Umschlag handgeschöpft in Nepal mit Wolleinschüben; Umschlagdruck: Bleisatz/Buchdruck; Verarbeitung und Durchstichbindung: Gisela Gülpen. 33 Exemplare, nummeriert und signiert; 62 Seiten. Siegburg: Neustäblerverlag, Mai 2023. ISBN 978-3-9820255-3-7.

Ingo Cesaro legt 72 neue Kurzgedichte in Haiku-Form vor. Geadelt wird die bibliophile Ausgabe durch drei doppelseitige Holzschnitte von Brigitte Neustäbler aus Basel – Kunstwerke von einer hohen atmosphärischen Dichte.

Cesaro ist ein Altmeister der Form. Kenner goutieren sogleich seine Anspielung auf die japanische Dichterin Chiy-ni:

Am Wassereimer
Schnecke besetzt den Henkel.
Suche anderen.   S. 16

Seine Haiku sind Sensationen – wenn ich aus diesem Worte Sinn und Sinnlichkeit heraushöre:

Halte Atem an,
Regenwolken streiften kurz –
Die Kirchturmspitze. S. 23

Das Kleine nimmt auf seine Art das Große in sich auf:

Auf dem Ginkgoblatt
im Tautropfen gespiegelt –
die Morgensonne.   S. 31

Mehr noch: Das Große versinkt, das Kleine ist auf seine Rettung aus:

Ameise rudert
in der Pfütze am Waldweg.
Die Sonne ertrinkt. S. 13

Mit seinem Sinn für das Paradoxale wandelt Cesaro auf den Spuren des Zen, in dem der Ursprung der Haiku-Dichtung liegt:

Zum Brunnen gehe
öfter mit vollem Eimer.
Nicht nur mit leerem. S. 17

Das Ewige begegnet dem Ephemeren:

Geschliffener Fels.
Ungestüm stürzt das Wasser –
seit ewiger Zeit. S. 45

Ein großer Stein teilt
im Fluss die Wassermassen.
Ein kurzer Erfolg. S. 47

Erfolg? Das Leben will geatmet, durchpulst, gelebt sein. Da haben wir Krämerseelen noch lange und viel zu lernen:

Flache Flusssteine
tanzen auf dem Wasser. Wir –
zählen und zählen. S. 47

Rüdiger Jung

Haiku schreiben – Ein Weg, der nie endet

Traude Veran: Haiku schreiben – Ein Weg, der nie endet
Berlin: Rotkiefer Verlag, 2023, ISBN: 978-3-949029-17-2. 270 Seiten

Allein der Titel des sehr schön aufgemachten Werkes spricht für sich.
Im Vorwort (S. 11) schreibt Petra Klingl:

„Silbenspiele und Versuche über das Haiku von 1981–2021", so lautet der
bescheidene Arbeitstitel des Buches, das Traude Veran uns als Manuskript
einreichte.

Tatsächlich aber ist es ein Feuerwerk von zahlreichen Artikeln, Aufsätzen und Projekten, die die Autorin in 40 Jahren vollendete und veröffentlichte und die allesamt in diesem Buch zusammengefasst sind.

Das Spektrum ihrer Betrachtungen und Überlegungen rund um das Haiku ist faszinierend und immens breit gefächert.

Man mag die Verlegerin von Berufs wegen befangen finden, aber als Leser, der dem Band tausend und mehr geistige und poetische Anregungen entnimmt, möchte ich ihr bescheinigen, dass keines ihrer Worte übertrieben und Lobhudelei ist.

Sie sagt, wie es ist: Als Autorin, Leserin, Kennerin, Deuterin von Haiku hält Traude Veran die denkbar breiteste Palette in den Händen. Sie nimmt das vielfältige Reservoir von Sprachspielen, stilistischen Möglichkeiten, aber auch die subtilsten, diffizilsten Probleme der Übersetzerin/des Übersetzers in den Blick. Sich an ihre Hand geben meint, Textstufen und Sinnnuancen auf denkbar feinste Art zu differenzieren. Dem Artikel „Was ist denn jetzt wirklich ein Haiku?" (S. 18–25) kommt zentrale Bedeutung zu: Spannung und tieferer Sinn, Natur und Jahreszeitenwort, Symbole und Metaphern werden eingehend beleuchtet.

Traude Verans Werk ist zutiefst dialektisch, und ich sehe die Autorin wohlwollend schmunzeln, wenn ich nun versuche, auf ganz eigene Art These, Antithese und Synthese ausfindig zu machen.

These: „Julya Rabinowich sagt: „Dort, wo durch enge Vorschriften das Spielerische der Kunst ausgetrieben wird, erstarrt diese in Beliebigkeit." Dem kann ich mich nur anschließen." (S. 23)

Antithese: „In einem Satz: Es ist angebracht, immer zu wissen, was man tut und warum." (S. 24)

Synthese: „Meine westliche Selbstgewissheit wankt. Ich habe immer viel zu lernen." (S. 113)

Und das, genau das macht die „Versuche" (Arbeitstitel !) von Traude Veran so kostbar und besonders. Bei aller Kenntnis und Kompetenz, die ihr unzweifelhaft eigen sind, hört sie nicht auf, zu staunen, zu fragen. Und ihre Neugier ist und bleibt gepaart mit einem besonderen Maß an Empathie.

Ein Blick auf die spezifischen Gegenstände ihrer Essays erhellt die Weite des Horizonts, den sie dem Leser eröffnet: „Bildende Kunst und Haiku-Dichtung" (S. 78–84), „Fotografie und Haikudichtung" (S. 85 f), „Das Haiga" (S. 89 ff), „Das Haibun" (S. 96–99).

Sie beleuchtet Natur und Kultur Japans von „Hototogisu, der Gackel- oder Rötelkuckuck" (S. 163 ff) bis „Netsuke" (S. 238 f).

Sie spannt unter den klassischen Haiku-Dichtern Japans den Bogen von Issa (S. 150 f) bis Mukai Kyorai (1651–1704) (S. 251–254).

Sie setzt an bei dem Vorsokratiker Heraklit (S. 74–77), um über Andreas Gryphius, einen Zeitgenossen Matsuo Bashōs (S. 87 f) auf ein sehr spezifisches „Rilke-Projekt" (S. 114 ff) zu kommen.

Sie lässt sich von Ernst Jandl (S. 55) ein Stichwort geben und über Erich Fried niemanden im Unklaren: „Erich Fried war kein Haiku-Dichter" (S. 207 ff). Mit viel Sympathie begegnet sie H.C. Artmann (S. 120 f) und einem der Alt- und Großmeister österreichischer (und deutschsprachiger!) Haiku-Dichtung, Gottfried W. Stix (S. 148 f).

Sie beschäftigt sich mit den Klassikern der „Beat Generation", Allen Ginsberg (S. 179 ff) und Jack Kerouac (S. 18–196) nicht weniger eingehend als mit den großen Skandinaviern Dag Hammarskjöld (S. 210–213) und Tomas Tranströmer (S. 226–229). Auch Herman Van Rompuy, ehedem Ständiger Präsident des Europäischen Rates, kommt als passionierter Haiku-Dichter in den Blick.

Nicht unerwähnt bleiben darf „AFRIKU", das große Projekt der ÖHG der Jahre 2017 bis 2019 (S. 126–131): ein Kontinent entdeckt die klassische Form fernöstlicher Poesie für sich, indem er sie den eigenen Gegebenheiten und Notwendigkeiten anpasst. Die sorgsame und vielfältige Anthologie der afrikanischen Haiku-Stimmen ist für den europäischen Leser weitgehend Neuland.

Traude Veran ist ein unerschöpflicher Quell wertvoller Gedanken und verfügt über ein untrügliches poetisches Gespür. Immer sind und bleiben ihre Worte anregend – selbst wenn der Leser sich im Einzelfall einmal für eine andere Lesart eines gebotenen Textes entscheiden mag.

stürmischer Morgen
eine Schneeflocke
schließt die Lider

    Dietmar Tauchner S. 31

listet Traude Veran in der Mitte dreier Haiku anthropomorphisierenden Charakters. Ich gestehe, dass meine Lesart an dieser Stelle eine andere ist, sinnlich, ja positivistisch. Im Moment des Auftreffens der „Schneeflocke", zumal an einem „stürmischen Morgen", schließen sich die „Lider" aus Selbstschutz, reflexhaft. Die Schneeflocke hat diesen Reflex bedingt – nicht mehr und nicht weniger.

Claudia Brefeld

WinterPark

WinterPark von Frank Sauer. Haibun, Haiku und Fotografien von Sanssouci. Rotkiefer-Verlag, Berlin. 2022. 87 Seiten. ISBN 978-3-949029-16-5

Frank Sauer wurde 1952 geboren, studierte in Bochum Betriebswirtschaft sowie Germanistik und Geschichte in Marburg. Er arbeitete als Verlagslektor in Braunschweig.

Wenn Frank Sauer aufbricht, um im verschneiten Park von Sanssouci frühmorgens mit sich und seinen Erinnerungen allein sein zu wollen, entsteht, wie hier, im schönsten Falle ein Buch, in dem sich Haibun, Haiku und Fotografie abwechslungsreich aneinanderreihen. Gegenwart und einzelne Rückblicke werden lose miteinander verknüpft, und eingestreute Haiku zwischen den Texten liest man im Kontext des Vorangegangenen, sodass sie, so eingebettet, mit einer tieferen Bedeutung gelesen und interpretiert werden können:

Seite 46:

Als der Fensterladen gegen die Mauer knallt, drehe ich mich um, ziehe sie an mich heran und gleite in ihren Atem.

> *Es ist kalt.*
> *Eine Decke, eine Liebe.*
> *Wie warm es ist!*

Seite 47:

> *ein Schneeteppich*
> *fliegt über den Park*
> *mit uns davon*

Das Buch ist ein gelungenes Wechselspiel, ein Wandern durch den Winter-Park, in dem die unterschiedlichsten Versatzstücke aus der Vergangenheit spannungsreich und zugleich harmonisch einfließen und ineinander über-fließen.

Nichts wird bis ins Letzte ausgesprochen, so bleibt „sie" unbenannt – und doch scheint „sie" uns am Ende ein wenig vertraut. Rückbesinnungen mit Träumen, Gefühlen und auch schweren Momenten wechseln sich ab, Fragen werden aufgeworfen – und manchmal scheinen sich Überlegungen in einem Haibun wie Kernsätze herauszuschälen und Gedankenketten beim Lesen auszulösen:

Seite 34:

Schmeckt Schokolade aus der Manteltasche genauso intensiv wie in einem gut beheiztem Raum oder zaubert sie ihr Aroma nur allmählich im Mund hervor, je länger ich sie in mir wärme?

Wer möchte da nicht bei dieser Metapher spielerisch diesen Gedanken-gang auf sein eigenes Leben übertragen und mit eigenen Assoziationen füllen?

Von ganz anderer Tiefe kann man auf Seite 66 lesen:

Das kalt-weiße Licht der Korridore macht uns blass und müde. Wir verabschieden uns leise von dir, versprechen, gleich morgen früh wiederzukommen, und fahren nach Hause. Draußen erfrischt ein kalter Luftzug, gibt ein wenig Energie in der Nacht. Wir sind gerade angekommen, als es klingelt. Eine Krankenschwester teilt mit, dass du soeben gestorben seiest. Der Schnee fällt jetzt stärker, in großen Flocken, sehr dicht, dann schräger werdend schneller. Heftig, böig.

Letzte Worte
fest eingeschrieben
als du gehst

Es bleibt ein aufgelockertes Hin und Her an autobiografischen Mosaikstücken, doch nie wirkt es wie eine beliebige Reihenfolge. Vielmehr ist es eine bewegte Reise durch Erinnerungsmomente, alles fließt zu einem Bild zusammen, und doch bleiben viele Zwischenräume, in denen man eigene Verbindungen zu dem Gelesenen knüpfen kann!

Eingangs auf Seite 9 ist am Ende des Haibun zu lesen:

Unterwegs schneit es unvermindert weiter. Als ich nach einer Stunde Fahrt den Parkeingang erreiche, ist alles in bläuliches Weiß getaucht. Vorsichtig begebe ich mich auf die Wege, die noch spurlos vor mir liegen, atme verhalten, gehe so, als ob ich verbotenes Terrain beträte und nur meinen Atem mit mir nähme.

Ein wunderbarer Einstieg! Und dann nimmt uns das Buch selbst beim Lesen mit auf einen Gang durch eine Winterlandschaft mit Rückblenden, die ebenfalls im Winter spielen. Aber es sind keine Wintergedanken, sondern es ist eher ein gedankliches Sich-treiben-lassen durch die Vergangenheit mit ihren Höhen und Tiefen und mit einem manchmal zärtlichen Verweilen in einzelnen Szenerien.

Reinhard Dellbrügge

Origins

Jacob D. Salzer: Origins. Haibun. Lulu.com 2021 (2. Aufl.). 50 Seiten. ISBN 978-1-365-96238-7.

Nachdem ich im letzten Sommergras-Heft (SG 141) ein Haiku-Buch von Jacob D. Salzer vorgestellt habe, möchte ich in der vorliegenden Ausgabe auf ein weiteres Werk dieses Autors hinweisen, und zwar auf eine Sammlung von 27 Haibun unter dem Titel „Origins".

Die atmosphärisch reizvollen wie auch stilsicheren Stücke sind sämtlich im Nordwesten der USA angesiedelt und bieten eine detailreiche Vielfalt von Begegnungen, Erlebnissen und Begebenheiten. Salzers Familie (Schwester, Eltern, Großeltern, Onkel, Tante) spielt in ihnen eine wichtige Rolle, desgleichen die natürliche Umwelt.

Ermöglichten Videospiele dem Kind ein „Entkommen in eine andere Welt" („Remote Control"), so tritt doch bald die Natur an ihre Stelle. In dem Haibun „Escape" fahren Salzer und seine Schwester mit ihren Eltern zum Zelten an den Lewis River. Als sie den Zielort erreichen, ist jede Spur städtischen Lebens aus ihren Köpfen verschwunden, sodass sie sich völlig *dieser* anderen Welt öffnen können.

Das gesamte Buch wird von einer positiven Grundstimmung durchzogen, was aber nicht bedeutet, dass Unerfreuliches ausgespart bliebe. Wo es auftritt, geschieht dies aber unaufdringlich und ohne Wertung.

In „The Eye of a Storm" zum Beispiel geht es um einen Studienkollegen, der einen Job als Parkplatzwächter angetreten hat. Den Weg zum Arbeitsplatz muss er bei jedem Wetter mit dem Fahrrad zurücklegen, da es ihm wegen seiner schweren Epilepsie untersagt ist, ein Auto zu benutzen. Doch dank seines Teilzeitjobs kann er nun wenigstens seine Medikamente bezahlen.

Im Mittelpunkt eines anderen Haibun („Retirement") steht der Großvater, welcher sich fragt, wie lange er die gewohnte körperliche Arbeit auf seinem Grundstück noch wird fortsetzen können. Bislang haben ihn seine

künstlichen Kniegelenke sowie der Gedächtnisschwund seiner Frau jeden-
falls nicht ins Stocken geraten lassen.

Das Buch Salzers gewährt einen spannenden und anregenden Einblick
in das Leben eines vielseitig interessierten und engagierten Mannes, der
eine enge Bindung zu seiner Familie und seinen Freunden aufweist, der in
den faszinierenden Landschaften Washingtons und Oregons zu Hause ist
und der es vermag, seinen Erfahrungen in facettenreichen Haibun literari-
schen Ausdruck zu geben.

Haiga: Angelika Holweger

Berichte

Gisela Doi

Erstes Vereinstreffen in Nara oder East meets West

In Nara trafen am 10. April die in Japan lebenden Mitglieder der DHG, Saskia Ishikawa-Franke, Kenji Takeda und Gisela Doi mit dem Vereinsmitglied Petra Klingl aus Berlin zusammen. Lang ersehnt, denn Petra konnte wegen der Corona-Pandemie ihre schon länger geplante Japanreise erst in diesem Jahr realisieren.

Mit ihrem leuchtenden Rotschopf war Petra sehr leicht unter den Ankommenden am Bahnhof auszumachen.

Anfänglich glaubte ich noch, dass es sich um ein kleines, exklusives Treffen von uns drei Mitgliedern aus dem Raum Kansai, also Osaka/Kyoto/Nara handelte und es noch mehr Mitglieder in anderen Teilen Japans gäbe, aber wir sind tatsächlich die Einzigen.

Bei unserem Mittagessen in einem kleinen Restaurant direkt am Narapark, ein Menü von Gemüse und Spezialitäten aus der pulverisierten Kudzu-Wurzel, tauchten wir die Freude über unser persönliches Kennenlernen, Geschenke, auf Papier Gedrucktes und anderes mehr aus. Dann zogen wir weiter.

Im „Haus der fünf Winde", der Galerie Gofusha, sahen wir uns eine kleine Ausstellung von Tuschmalereien von Christine Flint-Sato sowie moderne Keramikobjekte von Akemi Tanimoto an, ließen uns von deren Tusche- bzw. Tonobjekten inspirieren und begaben uns dann in den in der Nähe gelegenen Yoshiki-Garten. Die Sakura schon weitgehend verblüht, tauchten wir, in einem winzigen Pavillon des Gartens sitzend, in lilafarbene, weißpinke und gelbe Blütenbüsche ein, zwischen rotbraun leuchtenden Bäumen, die sich von dem grünen Moos des Parks abhoben, um uns über unser Leben in Japan und Deutschland, den Einfluss des Haiku-Dichtens darauf, die Bedeutung der deutlich im Alltag verankerten Haiku-Dichtung der japanischen Kultur oder die des Silben- bzw. Morenzählens auszutauschen, denn selbst wenn die Zählung von Silben im deutschen Haiku nach Auffassung der Vertreter dieser Richtung vernachlässigt werden kann, so wird diese Regel im Japanischen in der klassischen Haiku-Dichtung genau befolgt. Seit Mitte des 20. Jahrhunderts etwa gibt es einige seltenere Ausnahmen von Dichtern, welche mit der Sprache oder mit dem Umfang und dem Weglassen eines Jahreszeitenwortes im Haiku experimentieren.

Unser Zusammensein war kein Kukai im eigentlichen Sinne, da ohne Wettbewerbsanliegen und eigentlich ein Tag des Kennenlernens, doch gefühlt ein Wiedersehen von guten Freunden nach langer Zeit. Petra, wir haben diesen Tag so sehr mit dir genossen!

Und zum Dichten kamen wir sogar auch.

Nach der Besichtigung des Großen Buddha im Todaiji-Tempel, dem größten Holzgebäude der Welt, streichelten wir die Rehe im Park und ließen dann den Tag im Yamato, einer kleinen gemütlichen Izakaya-Kneipe, ausklingen.

Dies war ein erstes Treffen der DHG-Gruppe Japan mit einem Mitglied der DHG aus Deutschland und ein Anfang!

Noch ein Wort zu unserer Gruppe: Saskia Ishikawa-Franke, Mitbegründerin der DHG und immer sehr kreativ aktiv (sie wurde in einer der vorigen Ausgaben des Sommergras von Volker Friebel ausführlich im Interview gewürdigt), kannte ich schon lange durch ihre Arbeit bei der Frauenuniversität Kyoto, wo sie dankenswerterweise als Dozentin den erfolgreichen Versuch durchführte, die japanischen Studentinnen für das Haiku-Dichten in der deutschen Sprache zu interessieren und damit einen Stein ins Rollen brachte.

Mit Kenji Takeda, Spezialist auf dem Gebiet der deutschen Lyrik, ein langjähriges Vereinsmitglied, stand ich bereits seit einigen Jahren in Kontakt, ohne ihn bis dahin persönlich getroffen zu haben. Kürzlich erschien von ihm in japanischer Sprache „Das deutsche Haiku und die Gedichte zu den vier Jahreszeiten" mit einer zwölfseitigen deutschen Einführung. Und schließlich meine Wenigkeit, Organisatorin dieses Treffens hier in Nara mit Petra. Als Mitbegründerin des deutschen Haiku-Wettbewerbs der

Frauenuniversität Kyoto bin ich immer noch verliebt in die Idee, japanischen Studenten über ihre eigene Kultur, hier also über das Haiku, die deutsche Sprache näherzubringen.

Wann dürfen wir die nächsten Mitglieder aus Deutschland hier in Nara willkommen heißen? Es wird uns ein Vergnügen sein!

Kenji Takeda (ins Deutsche übersetzt von Gisela Doi):

半眼の大仏の眼に春光る

Halbgeöffnet
die Augen des Großen Buddha
Frühlingsleuchten

春風や鴟尾光ゐる興福寺

Kofukuji (-Tempel)
Frühlingswind und gülden
die Ornamente

遠来の客も俳句の縁かな

mit dem fernen Gast
führte uns zusammen
Karma des Haiku

Gisela Doi (ins Japanische übersetzt von Kenji Takeda):

でこぼこの階段そっと吉城園の緑の中で慎重に

Bucklige Treppe im Yoshikien-Garten
im Grünen achtsam

眼前の世界は墨絵皿五枚

Tuschezeichnung darunter Fünf-Teller-Objekt
vor mir die Welt

春の花俳句の友と五風舎に

Haus der fünf Winde
Frühlingsblumen-Foto
der Haikugruppe

窓枠のカップ魅せらる苔の庭

Moos-Garten draußen
verzaubert die Kännchen auf
der Fensterbank drinnen

うねる如鳥貝王子墨の線

Schwarze Linie
übers Papier gebogen
Vogel, Muschel, Prinz

Saskia Ishikawa-Franke (ins Japanische übersetzt von Kenji Takeda):

新緑　　　の　　奈良　あずま屋　の　句会　　かな

(shinnryoku no　　nara　azumaya　no　kukai　kana)

Zum Haiku-Schreiben　　　　　　　句づくりに
in Nara, im Pavillon.　　　　　　　奈良のあずま屋
Hellgüner Ahorn.　　　　　　　　明るい緑の楓

水音　　　に　　鶯　　歌ふ　　吉川庭

(mizuoto　ni　　uguisu　utau　　yoshikawatei)

Wassergeplätscher,　　　　　　　　水音のおしゃべり
Nachtigallengesang.　　　　　　　　鶯の歌声
Yoshiki Garten　　　　　　　　　　吉川庭

紫　　　　の　　　雲　　野つつじ　　に　　鋏　　の　　　音

(murasaki　no　　kumo　notsutsuji　ni　　hasami　no　　　ne)

Wilde Azalee,　　　　　　　　　　野つつじ
lila Wolke,　　　　　　　　　　　藤色の雲
ratsch, ratsch der Gärtner.　　　　庭師のパチパチと鋏の音

噴水　　　に　　　古灯篭　　の　　影　　揺れて

(fun'nsui　ni　　furu-touro　no　　kage　yurete)

Die Wasserspinne　　　　　　　　仕掛け噴水が
zerstört das Bild der　　　　　　　姿を壊す
alten Steinlampe.　　　　　　　　　古い灯篭の

Petra Klingl (ins Japanische übersetzt von Kenji Takeda):

茶室前ペットボトルの良きお茶を

Vor dem Teehaus　　　　　　　　　茶室の前で
das edle Getränk　　　　　　　　　高貴な飲み物を
aus der Plastikflasche　　　　　　　プラスチックの入れ物から

客去りて奈良公園の鹿と鷺（サギ）

Das Reh und der Fischreiher　　　　　　鹿と鷺（サギ
gemeinsam im Fluss vom Narapark　　　川の中で一緒に奈良公園の
nach den Touristen　　　　　　　　　　観光客が去った後に

どこからも見えるぞ奈良の大仏さん

Der übergroße Buddha von Nara   奈良の大仏は
aus allen Blickwinkeln   あらゆる視点から/
der übergrosse Buddha von Nara   奈良の大仏は

拝島の俳句談義に句を忘れ

Erstes Hajin-Treffen in Japan   始めての拝島での出会い
reden, erzählen, quatschen über Haiku   あれこれのおしゃべり俳句について
die Schreibhefte unangetastet   ノートには 手もつけず

Foto: vor der Galerie Gofusha Nara

Von links nach rechts: Kenji Takeda, Gisela Doi, Petra Klingl, Saskia Ishi-
kawa-Franke

Moritz Wulf Lange

Ein Haiku-Workshop mit Sabine Sommerkamp

Da saßen wir nun an einem warmen Frühlingsabend im japanischen Tee-haus in ›Planten un Blomen‹ in Hamburg, mit Blick in den Park, um einen Abend lang das Dichten von Haiku in Theorie und Praxis kennenzulernen. Die Beschäftigung mit literarischem Handwerkszeug interessiert mich schon lange: Bereits bevor das Schreiben zu meinem Beruf wurde, hatte ich im Literaturstudium zwei Semester lang ein Projekttutorium zur Un-tersuchung dichterischer Schreibtechniken geleitet und später selbst einige Schreibkurse gegeben. Entsprechend war dieser Workshop für mich nicht nur eine Gelegenheit, Sabine Sommerkamp – von der ich schon so viel gelesen und die ich in meinen eigenen Arbeiten so oft zitiert hatte – einmal persönlich zu treffen. Ich war vor allem neugierig, das Schreiben von Haiku durch ihre Augen kennenzulernen und sehr gespannt auf ihre Her-angehensweise, die haikutypischen Aspekte zu vermitteln. Sabine Som-merkamp hat, unter anderem, ihre Doktorarbeit über den Einfluss des Haiku auf die moderne angelsächsische Dichtung geschrieben, jahrelang eine Haiku-Kolumne verantwortet, außer Amerikanistik und Germanistik u. a. auch Japanologie studiert und ist selber eine sehr erfahrene Haiku-Dichterin, die noch im Austausch mit Imma Bodmershof (die als Begrün-derin der deutschsprachigen Haiku-Dichtung gilt) stand. Entsprechend bringt sie ausgezeichnete Voraussetzungen mit, um in das Dichten von Haiku einzuführen.

Zunächst lernten die Teilnehmerinnen und Teilnehmer einige japani-sche Haiku kennen und konnten sich an Hand dieser Beispiele mit den wichtigsten Merkmalen des klassischen japanischen Haiku vertraut ma-chen: die einzeilige Schreibweise mit dreiteiliger Struktur (die im Deut-schen mit drei überschriftlosen Zeilen wiedergegeben wird); eine metri-sche Länge von siebzehn Moren (denen metrisch im Deutschen – sowohl Silben als auch Moren kann man mitklatschen – siebzehn Silben entspre-chen); Gegenwärtigkeit, Konkretheit, ein Jahreszeiten-Bezug. Danach folgte ein kurzer Einblick in die Geschichte des Haiku in Deutschland. Anschließend ging das Seminar in den Praxisteil über.

Im ersten Schritt probierten die Teilnehmerinnen und Teilnehmer, ganz klassisch zu einem vorgegebenen Kigo (einem Wort mit Jahreszeitenbezug) zu dichten. Dafür standen vier Kigo, eines für jede Jahreszeit, zum Aussuchen zur Verfügung. In einem zweiten Schritt wurde es schwieriger: Nun waren Bilder mit Motiven aus der Natur, wiederum jeweils eines für jede Jahreszeit, als Ausgangsmaterial vorgegeben. Hier mussten alle ihre eigenen Ideen und Themen für ein Haiku entwickeln. Nach jedem Arbeitsgang wurden die entstandenen Haiku besprochen.

Die Diskussionen verliefen freundlich im Ton, angenehm klar im Gedankengang und waren, trotz der erst frisch erworbenen Kenntnisse bei vielen der Dichterinnen und Dichter, recht fruchtbar. Sabine Sommerkamp moderierte die Diskussionen sehr zugewandt und mehr an gelungenen Stellen ermunternd als an misslungenen Stellen kritisierend. Ein besonders guter Ansatz gerade in einem Rahmen, wo sich nicht alle kennen und wo von vornherein mit einer größeren Unsicherheit als in einer vertrauten Gruppe gerechnet werden muss. Zwischendurch blieb während einer Pause genügend Zeit für persönliche Gespräche untereinander, und als die Zeit um war, gab es wohl niemanden, die bzw. der nicht gerne noch ein bisschen weitergemacht hätte. Einige Tage nach dem Seminar bekamen wir alle eine Liste der entstandenen Haiku (von denen eines inzwischen veröffentlicht wurde) sowie zahlreiche Fotos. Eine schöne Erinnerung an einen gelungenen Workshop, dem im Herbst ein zweiter Teil folgen soll. Zum Abschluss seien hier noch einige der Haiku, die während des Workshops entstanden sind, vorgestellt. Mein Dank gilt an dieser Stelle den Autorinnen und Autoren für die Abdruckgenehmigung.

Wasser glänzt im Licht,
ein Frosch quakt auf der Seerose.
Stille in der Luft.

    Sabine Witt

Autostau im Schnee –
doch im Radio erklingt
„In the summertime" ...

Sabine Sommerkamp

Schneeflocken wirbeln
im erstarrten Fluß aus Blech
fließt die Zeit davon

Stephan Wallocha

Nächtliche Herbstflut
trägt heimlich Fracht den Strand hoch.
Morgens raschelt es.

Marianne Rinderspacher

Mitteilungen

Neuveröffentlichungen

1. Horst Rosenberger, Gerd Börner, Claudia Brefeld, Horst-Oliver Buchholz: „Spiegelungen – Abstrakte Harmonien und Haiku", 2023, 48 Seiten mit 20 abstrakten Bildern von Horst Rosenberger, zu denen jeweils drei Haiku der Haiku-Dichtenden Gerd Börner, Claudia Brefeld und Horst-Oliver Buchholz stehen. Zur abstrakten Kunst, die Harmonisches mit Expressivem verbindet, weisen die Haiku über das Sichtbare hinaus und legen mögliche Bedeutungsebenen frei. Format 21 x 21 cm, Hardcover, Papier 150 g/m². Zu beziehen bei Horst Rosenberger: projekt-lebensart@gmx.de

2. Deborah Karl-Brandt: Haiku-Heft 07 „Der Geruch von Harz", präsentiert einen Querschnitt aus dem Schaffen der Haiku-Dichterin, 10,8 x 17 cm, Paperback, 48 Seiten, ISBN:978-3-949029-20-2, Rotkiefer Verlag, 2023

3. Tobias Tiefensee: Haiku-Heft 08 „Zwiegespräch mit der Stille", gewährt einen Einblick in das Haiku-Schaffen des Dichters, 10,8 x 17 cm, Paperback, 48 Seiten, ISBN: 978-3-949029-21-9, Rotkiefer Verlag, 2023

4. Traude Veran: „Haiku schreiben – ein Weg der nie endet", ein fabelhafter Ausflug in die 40-jährige Haiku-Welt der Wiener Autorin, 14,8 x 21 cm, Hardcover, 266 Seiten, ISBN: 978-3-949029-17-2, Rotkiefer Verlag, 2023

5. Frank Sauer: „WinterPark", ein Winterspaziergang durch Sanssouci, festgehalten in Haibun und Fotografien, 15,5 x 22 cm, Hardcover, 88 Seiten, ISBN: 978-3-949029-16-5, Rotkiefer Verlag, 2023

6. Traude Veran und Birgit Rakette: „Der kleine Mistpilz", Haibun, Glossen und andere Minimalgeschichten, ergänzt mit Bildern der Malerin Birgit Rakette, 14,8 x 21 cm, Paperback, 82 Seiten, ISBN: 978-3-949029-19-6, Rotkiefer-Verlag, 2022

Sonstiges

Haiku-Workshop in Wiesbaden am Sonntag, 15. Oktober 2023 von 10 bis 16 Uhr in der alten Schule, Hofstr. 2, 65191 Wiesbaden-Bierstadt. Klaus-Dieter Wirth referiert über ein Haiku-Thema; danach besprechen wir unsere Haiku. Themen-Wünsche nehme ich gerne entgegen. Anmeldung bei Ruth Karoline Mieger. Post: Am Speiergarten 6, 65191 Wiesbaden Telefon: 0611 – 6092892; E-Mail: rkmieger@gmx.de

Mentoring

Für das **Haiku- und Haiga-Mentoring** stellt sich Claudia Brefeld zur Verfügung: post@claudiabrefeld.de

Für das **Tanka-Mentoring** stellt sich Tony Böhle zur Verfügung: tonyboehle@web.de

Coverbild

Das Bild für das Cover dieser Ausgabe stammt von Eleonore Nickolay. Sie lebt seit den 1980er Jahren in der Nähe von Paris. Sie ist Mitglied in der SOMMERGRAS-Redaktion, im Vorstand der Deutschen Haiku Gesellschaft und in der „Association Francophone de Haïku". Das Haiku-Dichten, das sie seit 2013 in Deutsch, Französisch und Englisch betreibt, hat auch ihren fotografischen Blick geschärft und ihre Freude an der Kreation von Haiga geweckt. So fiel ihr der verlassene Kinderwagen am leeren Strand von Fécamp in der Normandie gleich ins Auge.

Impressum

Vierteljahresschrift der Deutschen Haiku-Gesellschaft
36. Jahrgang – September 2023 – Nummer 142

Herausgeber:	Vorstand der DHG
	Tel.: 0433 /46 35 79 3
	E-Mail: info@haiku.de
Redaktion:	Horst-Oliver Buchholz, Eleonore Nickolay, Thomas Opfermann
Mitarbeit:	Claudia Brefeld
Titelillustration:	Eleonore Nickolay
Covergestaltung:	Stephanie Mattner
Lektorat	Gabriele Buschmann, Martina Khamphasith
Satz und Layout:	Martina Khamphasith

Freie Mitarbeit erwünscht. Ihre Beiträge schicken Sie bitte per

E-Mail an:	Horst-Oliver Buchholz, Eleonore Nickolay, Thomas Opfermann:
	redaktion@sommergras.de
Post an:	Petra Klingl, Wansdorfer Steig 17, 13587 Berlin

Über die Veröffentlichung der Beiträge entscheidet die Redaktion. Die Meinung unserer Autoren muss sich nicht immer mit der Meinung der Redaktion decken. Die Beiträge werden von uns sorgfältig geprüft, für die Richtigkeit, Vollständigkeit und Aktualität der Inhalte, insbesondere der fremdsprachlichen Texte, können wir jedoch keine Gewähr übernehmen.

Einsendeschluss

für die Haiku- und Tanka-Auswahl:	15. Oktober 2023
Redaktionsschluss:	20. Oktober 2023

Jahresabonnement Inland (inkl. Porto) 45 €
Jahresabonnement Ausland (inkl. Porto) 55 €
Einzelheftbezug Inland (inkl. Porto) 12 €
Einzelheftbezug Ausland (inkl. Porto) 14,50 €
Auslandsversand nur auf dem Land-/Seeweg.

Der Mitgliedsbeitrag beträgt 45 € im Jahr und beinhaltet die Lieferung der Zeitschrift (Inland inkl. Porto, Ausland + 10 € Porto).
Die finanzielle Unterstützung der DHG quittieren wir mit Spendenbescheinigungen.